Peter Pantucek · Maria Maiss (Hrsg.)

Die Aktualität des Denkens von Ilse Arlt

VS RESEARCH

Peter Pantucek
Maria Maiss (Hrsg.)

Die Aktualität des Denkens von Ilse Arlt

VS RESEARCH

Bibliografische Information der Deutschen Nationalbibliothek
Die Deutsche Nationalbibliothek verzeichnet diese Publikation in der
Deutschen Nationalbibliografie; detaillierte bibliografische Daten sind im Internet über
<http://dnb.d-nb.de> abrufbar.

1. Auflage 2009

Alle Rechte vorbehalten
© VS Verlag für Sozialwissenschaften | GWV Fachverlage GmbH, Wiesbaden 2009

Lektorat: Christina M. Brian / Anita Wilke

VS Verlag für Sozialwissenschaften ist Teil der Fachverlagsgruppe
Springer Science+Business Media.
www.vs-verlag.de

Umschlaggestaltung: KünkelLopka Medienentwicklung, Heidelberg
Gedruckt auf säurefreiem und chlorfrei gebleichtem Papier
Printed in Germany

ISBN 978-3-531-16514-1

Inhaltsverzeichnis

Vorwort

Ilse Arlt gründete 1913 in Wien die erste Fürsorgeschule der damaligen Donaumonarchie. Sie verband damit das Projekt einer wissenschaftlichen „Volkspflege". Neben ihrer beachtenswerten pädagogischen Tätigkeit beschäftigte sie sich auf originelle Weise mit Fragen der wissenschaftlichen Fundierung von Fürsorge, publizierte zu Fragen der Haushaltsführung, zur Bedürfnistheorie, zu volkswirtschaftlichen Aspekten von Not und Volkspflege. Ihre letzte große Publikation stammt aus dem Jahre 1958, wenige Jahre vor ihrem Tod. Ihre Beiträge gerieten in Vergessenheit. Arlts Name blieb in der österreichischen Sozialarbeits-Community zwar bekannt, ihre theoretischen Arbeiten wurden aber nicht rezipiert.

Mit ihrer verdienstreichen Diplomarbeit hat Ursula Ertl (1995) die Grundlage für eine erneute Beschäftigung mit den Gedanken Ilse Arlts geschaffen. Sie fand bei ihren Recherchen eine Fülle von interessantem Material. Nur wenige Publikationen griffen den Ball auf (Staub-Bernasconi 1996, Frey 2005).

2007 wurde an der FH St. Pölten das Institut für Soziale Inklusionsforschung als sozialarbeitswissenschaftliches Forschungsinstitut gegründet. Das Team entschied sich, dem Institut den Namen von Ilse Arlt zu geben. Mit einem Kolloquium sollte eine ausführliche Würdigung der Namenspatronin erfolgen. Die Beschäftigung mit den Texten der Pionierin wissenschaftlicher Sozialarbeit geriet zu einem intellektuellen Vergnügen.

An diesem Vergnügen wollen wir nun eine breitere Fachöffentlichkeit teilhaben lassen. Der vorliegende Reader versammelt die Beiträge zum 1. Ilse Arlt Kolloquium und soll eine breitere Rezeption anregen. Derzeit laufen Vorarbeiten für eine Wiederherausgabe der wichtigsten fürsorgetheoretischen und autobiographischen Schriften Arlts, die wir schon bald der Fachöffentlichkeit vorlegen wollen.

Den Auftakt des Kolloquiums bot Ursula Ertl. In ihrem Beitrag „Auf den Spuren Ilse Arlts – Beschreibung einer Wiederentdeckung" rekonstruiert sie das langsam wachsende Interesse an Arlt im deutschsprachigen Raum während der letzten 12 Jahre. Im Besonderen widmet sie sich der Biographie Ilse Arlts, um deutlich zu machen, wer diese Frau war, wie sie gelebt und was sie geprägt hat, auf welcher lebensgeschichtlichen Basis sie ihre Theorien entwickelt und was sie bewogen hat, die „Vereinigten Fachkurse für Volkspflege" als erste Fürsorgeausbildungsstätte der Donaumonarchie ins Leben zu rufen.

Ein Ehrengast beim hier dokumentierten Kolloquium war Werner Steinhauser, einst langjähriger Leiter der Caritas-Lehranstalt für Sozialarbeit in

Wien. Mit seinem 1993 erschienenen Buch „Die Geschichte der Ausbildung zur professionellen Sozialarbeit in Österreich 1912–1992" hat er sich hierzulande verdient gemacht. Sein Beitrag vermittelt wie jener Ertls bedeutsame Einblicke in die Lebens- und Arbeitsgeschichte Ilse Arlts. Damit verbunden zeigt er auf, dass der von Arlt konsequent praktizierte Anspruch, nämlich Ausbildung, praktische Fürsorge/Volkspflege und Forschung als Einheit zu sehen, in Österreich nach dem Zweiten Weltkrieg nicht weiter verfolgt wurde und stattdessen über lange Zeit eine primär auf Handlungswissen fundierte Sozialarbeitspraxis Fuß fasste.

Der zweite und umfangreichste Abschnitt dieses Bandes umfasst Beiträge, die Ilse Arlts Denken aufgreifen und als Beitrag zu gegenwärtigen Diskursen verstehen.

Peter Pantucek nimmt Ilse Arlts Kritik an Mängeln der Hilfstätigkeit auf, um eine Programmatik für die Sozialarbeitswissenschaft zu entwickeln und zu begründen. Der Beitrag beginnt mit einem Bekenntnis zu Leidenschaft, zu rational grundiertem Engagement, kreist dann um Standards für Soziale Arbeit und ihre Wissenschaft: In der hier skizzierten Ausformung soll es sich offensichtlich um eine kritische Wissenschaft handeln. Schließlich werden (heute) auf den ersten Blick irritierende Sätze von Arlt analysiert, „übersetzt" und dem Bild einer professionsbezogenen Wissenschaft eingefügt. So gelangt nach der Leidenschaft auch die Lebensfreude noch zu einer Ausdeutung.

Maria Maiss stellt in ihrem Beitrag einen kritischen Vergleich an zwischen Arlts Bedürfniskonzept, das als „menschenkundliche" Grundlage für eine vernünftige Lebensökonomie und ein schöpferisches Konsumhandeln dienen soll, mit der von Amartya Sen und Martha Nussbaum konzipierten Liste menschlicher Funktionsfähigkeiten, welche mit dem Anspruch auftritt, jene materiellen und psychosozialen Grundbedingungen zu beschreiben, die eine individuelle Gestaltungsform des guten menschlichen Lebens ermöglichen. In diesem Zusammenhang wird auch der Frage nachgegangen, inwieweit die beiden Konzepte als kritische Maßstäbe bei der Planung und Bewertung sozialarbeiterischer Dienstleistungen dienen können.

Gertraud Pantucek zeichnet Arlt als Vertreterin jener Frauengeneration, die damit begann, sich den Zugang zur universitären Bildung zu erkämpfen. Als aufgeklärte, liberal denkende Humanistin trat Arlt dafür ein, die Stellung der Frauen in sozialer, rechtlicher und wirtschaftlicher Hinsicht zu verändern. Pantucek würdigt Arlts Position, die Berufstätigkeit der Frauen unterschiedlicher sozialer Schichten als selbstverständlich zu betrachten und die damit verbundenen Vorteile und Belastungen differenziert ins Auge zu fassen. Zentrales Augenmerk gilt in diesem Beitrag auch ihren Verdiensten bei der Ausbildung von Wohlfahrtspflegerinnen und damit der Begründung eines ihrer Ansicht nach „den Geber und Empfänger beglückenden und dem Gemeinwohl dienenden Berufes". Dieser stelle eine Kombination der alten Frauentradition des Helfens, des neuen Frauenwunsches zu studieren und der neuen Frauenpflicht des Erwerbens dar.

Cornelia Frey, die mit ihrem 2005 veröffentlichten Buch *„Respekt vor der Kreativität der Menschen" – Ilse Arlt: Werk und Wirkung"* zur Renaissance des Arlt'schen Gedankenguts beigetragen hatte, geht der Frage nach, welche Verbindungslinien zwischen den bereits in den Dreißigerjahren des vergangenen Jahrhunderts entwickelten Ideen Ilse Arlts und bestimmten systemischen Konzepten der gegenwärtigen Sozialen Arbeit bestehen. In diesem Zusammenhang überprüft sie, inwiefern Arlt als eine Vorgängerin all jener Methoden Sozialer Arbeit zu sehen ist, die bei den Bedürfnissen der Menschen ansetzen und sich ihrer Stärken bedienen. Sie weist auf, dass die aktuellen ressourcenorientierten Ansätze und die damit verbundenen Handlungskonzepte keineswegs neu sind, sondern sich bereits bei Arlt finden lassen, auch wenn sie nicht direkt von ihr beeinflusst wurden oder auf sie zurückzuführen sind.

Michaela Just sucht in den Texten von Ilse Arlt nach ideengeschichtlichen Belegen, die den Grundgedanken moderner Empowerment-Konzepte entsprechen – und sie trägt reiche Ernte nach Hause. Dabei lässt sie sich nicht auf ein kurzsichtiges Verständnis von Arlt als „Vorläuferin" ein, sondern verweist auf Parallelitäten und Intertextualität, in der Texte „in einem zeitlosen Raum aufeinander antworten". Die wesentlichen Ideen sind in diesem Verständnis wichtiger, als die historischen Konkretionen in „Konzepten" oder „Schulen". Dementsprechend findet sie in der Fürsorgekritik, in der Arlt'schen Ausrichtung auf menschliches Gedeihen und in ihrem Desiderat einer angewandten Armutsforschung Beiträge, die einem breit verstandenen Empowerment-Konzept gut anstehen.

Johannes Pflegerl stellt einen Bezug her zwischen den zentralen Ergebnissen eines kürzlich abgeschlossenen Forschungs-Projekts zu qualitativen Standards in der Jugendwohlfahrt und Gedanken Arlts zu Qualität in der Sozialen Arbeit. Ein Ergebnis der Forschungen zur Qualität in der Fremdunterbringung lautet, dass gute Qualität nicht nur die Berücksichtigung des „Was", sondern insbesondere auch des „Wie" der Bereitstellung einer Dienstleistung umfasst. Damit werden Fragen der persönlichen Haltung, der Bedürfnisorientierung, des Vertrauen ermöglichenden Begegnens und Begleitens bedeutsam. Dass dieser Zugang erst in jüngster Zeit verstärkt als verfolgenswert propagiert und erst in neueren einschlägigen Projekten tatsächlich offensiv beschritten wird, stimmt, so Pflegerl, bedenklich, zumal bereits Ilse Arlt forderte, dass ein „haarscharfes

Erfassen" der Bedürfnisse der einzelnen Hilfsbedürftigen jeder Gestaltung der Hilfe vorauszugehen habe.

Ausgehend von der Tatsache, dass das Phänomen Armut empirisch schwer zu erfassen ist und sozialpolitisch Verantwortlichen oftmals differenzierte Kategorien und Begriffe fehlen, die zur rechtzeitigen Ortung, Benennung und Vermeidung sozialer Probleme (einschließlich ihrer multikausalen Bedingungen und Wechselwirkungen) notwendig wären, geht Manuela Brandstetter der Frage nach, welchen Beitrag Arlts differenzierte Überlegungen zur bedürfnisbasierten Armutsforschung für den gegenwärtigen sozialarbeitsbezogenen Umgang mit Armutsprozessen im ländlichen Raum leisten könnten. Dass die Beantwortung dieser Frage um das Diktum des personen- und kontextsensiblen Vorgehens zentriert sein muss, ist, wie Brandstetter herausarbeitet, nicht neu. Bereits Arlt forderte, dass angemessene Fürsorgeideen von der Peripherie her (und nicht zentralistisch gesteuert) entstehen und spezifische Besonderheiten unterschiedlicher ländlicher Regionen erkannt und anerkannt werden müssen.

Tom Schmid diskutiert das Verhältnis von Sozialstaat und Sozialarbeit vor dem Hintergrund einer sich auch im sozialen Dienstleistungssektor ausbreitenden Wettbewerbsideologie. Inwieweit, so die verfolgte Frage, komme dem gesellschaftlichen Teilsystem der Sozialen Hilfe/Arbeit, das zunehmend stärker auch als freier Anbieter sozialer Dienstleistungen agiert, eine größere Rolle bei der Bestimmung von (Gerechtigkeits-)Standards für zu erbringende Sozialleistungen und Standards der Integration in unterschiedliche Teilsysteme der Gesellschaft zu? Damit verbunden fragt Schmid, welche spezifische politische Verantwortung der Sozialen Arbeit zukomme. Die Suche nach möglichen Antworten führt auch ihn nicht zuletzt zu einer Re-Lektüre Arlts und es zeigt sich, dass ihr Verständnis von Wohlfahrtspflege die immerwährende politische Aufgabe inkludiert, die darin besteht, an allgemeinen Bedarfen orientierten Hilfsmaßnahmen eine konsequente individualgerechte Bedürfnisorientierung entgegenzusetzen und dadurch zum stetigen Umbau in Richtung einer gerechteren und differenzierteren Inklusionspolitik herauszufordern.

Der dritte Abschnitt des Bandes besteht aus nur einem Beitrag. Maria Dorothea Simon, geboren 1918, Direktorin der Wiener Lehranstalt für gehobene Sozialberufe in den 1970er-Jahren, ist inzwischen selbst eine Legende. Sie verzichtet auf direkte Bezüge zu Ilse Arlt, obwohl ohne ihre Hinweise auf die Bedeutung (und Außenseiterposition) dieser Pädagogin und Theoretikerin der Sozialen Arbeit (z.B. Simon 1995) die nunmehrige Würdigung von Arlts Werk kaum denkbar wäre. In ihrem Beitrag widmet sie sich dem Verhältnis von Theorie und Praxis, und sie bezieht gegen Pseudowissenschaftlichkeit Position. Ihr Plädoyer für eine kritische Haltung zu Wissenschaft und vor allem

Pseudowissenschaft erscheint uns als würdiger Abschluss eines Bandes, der sich dem Denken einer engagierten Sozialarbeiterin widmet, die auf ihre Art unabhängiges Denken und Wissenschaftlichkeit als notwendige Bedingung von gelingender Fürsorge verstand. Arlt und Simon verstanden und verstehen Sozialarbeit und ihre Wissenschaft als Fortführung des Projekts der Aufklärung. Dem schließen sich die Herausgeber gerne an. Der vorliegende Band ist Resultat einer ersten Annäherung an Ilse Arlt. Es mögen sich in den Beiträgen Überschneidungen und Redundanzen finden. Die LeserInnen sollen das als Beleg dafür nehmen, dass bei einer Beschäftigung mit dem Nachlass dieser Theoretikerin der Sozialen Arbeit aus den verschiedensten Perspektiven ein Fundus an prägenden Ideen zu Stellungnahme und produktivem Weiterdenken herausfordert. Wir wünschen uns, dass die wichtigen (und hier z. T. mehrfach zitierten) Grundlinien der Arlt'schen Überlegungen als Impulse vermehrt aufgegriffen werden. Wir wünschen uns eine geschichtsbewusste und zukunftsorientierte Wissenschaft von der Sozialen Arbeit und für die Soziale Arbeit und Sozialpolitik.

Maria Maiss / Peter Pantucek

Ilse Arlt Institut für Soziale Inklusionsforschung
FH St. Pölten
inclusion.fhstp.ac.at

Frey, Cornelia (2005): „Respekt vor der Kreativität der Menschen" – Ilse Arlt: Werk und Wirkung. Opladen.

Simon, Maria Dorothea (1995): Von Akademie zu Akademie. Zur historischen Entwicklung der Sozialarbeiterausbildung am Beispiel der Schule der Stadt Wien. In: Wilfing, Heinz(Hg.): Konturen der Sozialarbeit. Wien. S. 15-24.

Staub-Bernasconi, Silvia (1996): Lebensfreude dank einer wissenschaftlichen Bedürfniskunde?! Aktualität und Brisanz einer fast vergessenen Theoretikerin Sozialer Arbeit: Ilse Arlt (1876-1960). In: Manuskript, teilveröffentlicht in: Sozialarbeit H.3. S. 18 - 31.

Steinhauser, Werner (1993): Die Geschichte der Ausbildung zur professionellen Sozialarbeit in Österreich 1912-1992. Wien.

I. Biographisches

Auf den Spuren Ilse Arlts.
Beschreibung einer Wiederentdeckung

Silvia Ursula Ertl

Ilse Arlt ist eine Frau, die mich immer wieder fasziniert, das habe ich auch bei der Vorbereitung auf dieses Kolloquium wieder neu festgestellt.

Ich werde Ihnen in den folgenden ca. 40 Minuten im Wesentlichen ihre Biographie näher bringen und beziehe mich dabei weitgehend auf meine Diplomarbeit aus dem Jahr 1995.

Dazu einige Vorbemerkungen:

Als ein Professor an der FH Würzburg, an der ich studierte, Ende 1993 erfuhr, dass ich Österreicherin bin, fragte er mich, ob ich Ilse Arlt kenne. Ich verneinte damals, denn in meinen früheren Berufsfeldern war sie mir nie untergekommen und bis dahin war sie auch im Studium noch nicht Thema gewesen. Er sagte damals zu mir: „Ihr Österreicher schaut immer zu uns nach Deutschland, dabei habt Ihr selbst so gute Leute und wisst es nicht!" Diese Aussage genügte für mich, Ilse Arlt zu meinem Diplomarbeitsthema zu machen.

Ich wusste zu Beginn wirklich nicht viel über Ilse Arlt. Ich bekam von Prof. Engelke, bei dem ich meine Diplomarbeit schrieb, ihr Geburtsdatum (Sterbedatum gab es keines), die Titel ihrer beiden Bücher und von noch 3 Artikeln wie z.B. „Die gewerbliche Nachtarbeit der Frauen" sowie die Namen von Ansprechpersonen in den beiden Wiener Sozialakademien, wie sie damals noch hießen.

So ausgerüstet kehrte ich nach Wien zurück, wo ich gerade mein Jahrespraktikum absolvierte.

Die mir genannten Kontaktpersonen gaben allerdings der Aussage jenes Professors Recht. Ihr Wissen über Ilse Arlt beschränkte sich offenbar auf das, was ich in Händen hatte.

Ich war also vorerst auf mich allein gestellt, was allerdings mein Interesse an dieser Frau erst recht weckte.

Wer war sie, die anscheinend außerhalb Österreichs durchaus als eine bemerkenswerte Persönlichkeit eingestuft wurde, während man hierzulande ihr eher gleichgültig gegenüberstand – so hatte es zumindest den Anschein.

Ich legte also meine Schwerpunkte darauf, einerseits Menschen zu finden, die Ilse Arlt noch persönlich kannten und von ihr erzählen konnten, das waren Verwandte, die ich ausfindig machen konnte, zwei ehemalige Schülerinnen und die frühere Direktorin der Fürsorgeschule der Stadt Wien.

Andererseits versuchte ich, möglichst viel Schriftliches von ihr und über sie zu finden. Im Literaturverzeichnis meiner Arbeit habe ich alle Publikationen von ihr angeführt, die ich gefunden hatte und zwar nur die, die ich auch ausheben und so ihre tatsächliche Existenz überprüfen konnte und das waren immerhin insgesamt 55.

Daraus sollte auch ein Kapitel über das wissenschaftliche Arbeiten Ilse Arlts entstehen, was zu einem Gesamtbild ihrer Persönlichkeit wesentlich dazugehört hätte. Allerdings war das aufgrund eines relativ engen zeitlichen Rahmens, in dem ich meine Arbeit schrieb, nicht möglich und es kam auch später nicht mehr dazu.

Allerdings habe ich im Laufe der Jahre festgestellt, dass es dennoch immer wieder und bis heute Interesse an meiner Diplomarbeit gibt: Einerseits wollten Fachhochschulen und Sozialakademien meine Arbeit einfach nur für ihre Bibliothek haben, andererseits gab es auch Personen, die sie als Hintergrundinformation für eine eigene Arbeit über Ilse Arlt verwendeten.

So konnte ich zumindest ansatzweise mitverfolgen, wie sich im Laufe der Jahre doch einiges tat, wie vor allem zu ihren wissenschaftlichen Thesen geforscht wurde.

Wenn ich durch meine Arbeit also einen Beitrag leisten konnte, Ilse Arlt (auch) in Österreich wieder in Erinnerung zu rufen, dann ist es offensichtlich gelungen, die Behauptung, wir in Österreich wüssten nichts über unsere eigenen „guten Leute", zu widerlegen.

1. Zur Biographie von Ilse Arlt

1.1 Ihre Familie

Ich habe versucht, den Stammbaum der Familie Arlt zu erforschen und in meiner Diplomarbeit zusammenzustellen.

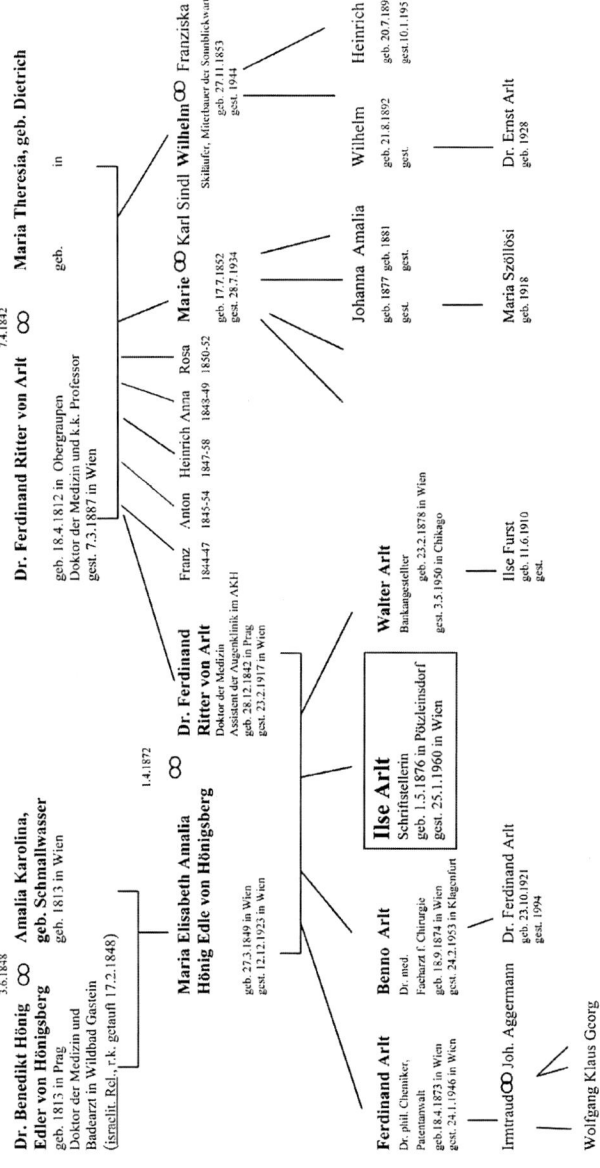

Abbildung 1: Stammbaum der Familie Arlt, recherchiert von Silvia Ursula Ertl

Ilse Amalia Maria Arlt (wie sie laut Taufbuch heißt) wurde am 1. Mai 1876 in Pötzleinsdorf (1892 nach Wien eingemeindet), Hauptstraße 52 geboren[1], sie war das dritte von vier Kindern und das einzige Mädchen. Ihre beiden älteren Brüder – geboren 1873 und 1874 – hießen Ferdinand und Benno, ihr jüngerer Bruder Walter kam 1878 zur Welt.

Ilses Mutter Marie, geborene Hönig Edle von Hönigsberg, war künstlerisch sehr begabt, als Malerin ausgebildet und beherrschte mehrere Sprachen.

Ich vermute, dass vor allem ihre Mutter diejenige war, die darauf achtete, Ilse nicht nur die damals übliche weibliche Erziehung in den „schönen Künsten" angedeihen zu lassen (Ilse konnte hervorragend Klavierspielen und beherrschte die englische und französische Sprache[2]), sondern sie auch in ihrem wissenschaftlichen Streben sehr unterstützte. Das Verhältnis zur Mutter scheint gut gewesen zu sein, Ilse Arlt erwähnt sie öfter in dankbarer Weise, auch „Die Grundlagen der Fürsorge" sind ihr gewidmet.

Mutter Marie war die Tochter des Benedikt Hönig Edler von Hönigsberg, eines jüdischen Arztes[3], und der Amalia Karolina, geb. Schmallwasser.

Diese jüdische Abstammung hatte für Ilse Arlt im zweiten Weltkrieg zur Folge, dass ihr Veröffentlichungen und Unterrichten untersagt wurden, auch wenn sie Österreich nicht verlassen musste im Gegensatz zu ihrem Bruder Walter, der mit einer Jüdin (Rosa Straschnow) verheiratet war.

Ilses Vater, Dr. Ferdinand Ritter von Arlt, war naturwissenschaftlich und technisch sehr interessiert. Er war Augenarzt und arbeitete als Assistent seines Vaters, des damals sehr berühmten Ordinarius für Augenheilkunde an der Universität Wien, Dr. Ferdinand Ritter von Arlt, stand aber auch in dessen Schatten. Über ihn spricht Ilse Arlt eigentlich nie. (Ich kann mir vorstellen, dass die Kindheitserfahrung, 5 seiner jüngeren Geschwister sterben zu sehen, diesen Mann sehr geprägt hat, aber darüber ist zumindest mir nichts Näheres bekannt.) Der Großvater stammt aus einer sehr armen Bergbauernfamilie in Obergraupen, was vermutlich auch Ilses Interesse daran, wie Armut entsteht, beeinflusst haben könnte. Er hat seine Herkunft nie verleugnet und bedürftigen Menschen seine Hilfe gratis angeboten[4]. Sein Leitspruch lautete: „Erst Menschlichkeit, dann Wissen"[5].

---

[1] Taufbuch der Pfarre Wien-Pötzleinsdorf (Christkönig), Schafbergg.2, 1180 Wien, Tom.II, Fol.172, Rz.5. Das in der Rathaus-Korrespondenz im Artikel „Rennerpreisträgerin Ilse Arlt gestorben" (30. Jänner 1960, Blatt 154) angegebene Geburtsdatum (21. Mai 1875) ist offensichtlich nicht richtig.
[2] Interview mit Frau Maria Szöllösi vom 20.9.94
[3] Jüdische Abstammung vgl. Taufbuch von 1848, 17. Februar (RZ 129) der Pfarre St. Josef zu Margarethen, Rampersdorfer. 65, 1050 Wien
[4] Interview mit Frau Maria Szöllösi vom 20.9.94
[5] Nachrichtenblatt der Familien Arlt, Nr. 27/28. 1942, S. 3

Noch einige Worte zu den anderen Personen in diesem Stammbaum:

Amalia Sindl gehörte auch zum Lehrkörper der Vereinigten Fachkurse für Volkspflege.

Mit Frau Maria Szöllösi durfte ich ein ausführliches Interview führen. Von ihr habe ich sehr viel über Ilse Arlt erfahren, wofür ich ihr sehr dankbar bin. Ilse Arlt hatte in ihren späteren Lebensjahren die Sonntag-Nachmittage und die Feiertage bei Familie Szöllösi verbracht. Frau Szöllösi hat auch selbst die Vereinigten Fachkurse für Volkspflege als Schülerin besucht.

Sie hat uns auch das Foto auf dem Programmheft zur Verfügung gestellt.

Mit Frau Ilse Furst, die in Chicago lebte, stand ich in Briefkontakt. Sie wurde nach ihrer Tante benannt, was das gute Verhältnis zwischen Walter und Ilse Arlt sehr bestätigt.

Ich hatte auch versucht, Kontakt mit Dr. Ferdinand Arlt (Anästhesist im Hanusch-Krankenhaus), dem Sohn von Benno Arlt, aufzunehmen, musste aber feststellen, dass dieser ca. 3 Wochen (!) davor verstorben war. Er hätte, wie ich erst später feststellten konnte, einiges über Ilse Arlts Leben während des 2. Weltkriegs erzählen können (worüber wir jetzt so wenig wissen), war sie doch damals in Klagenfurt bei ihrem Bruder Benno, um sich um den kleinen Ferdinand zu kümmern.

Ich habe auch die Berufe ihrer Brüder eingetragen.

Die Berufsbezeichnung „Schriftstellerin" für Ilse Arlt wird mehrfach erwähnt, sie steht auch so auf ihrem Grabstein. Die Gründe dafür zu erforschen wäre auch noch einmal eine interessante Aufgabe. (Arthur Glaser spricht 1910 von ihr als „Fachschriftstellerin").

Zu ihrem Todesdatum kursieren verschiedene Angaben. Das hier angeführte Datum steht sowohl auf ihrem Grabstein als auch im Taufbuch sowie im Sterbe-buch[6].

Das Verhältnis der Geschwister zueinander dürfte grundsätzlich ein gutes gewesen sein, auch wenn sie in ihrer politischen Einstellung durchaus kontrovers waren (laut Frau Szöllösi waren die beiden älteren Brüder eher „deutsch-national" im Gegensatz zu den beiden sozial-demokratisch eingestellten Ilse und Walter).

Manchmal ist Frau Arlt von ihrer Familie auch belächelt worden wegen ihres Engagements für arme Menschen[7].

---

[6] St.A. Wien-Alsergrund, Sterbebuch Nr. 254/60. Der Bericht „Rennerpreisträgerin Ilse Arlt gestorben" in der Rathaus-Korrenpondenz vom 30. Jänner 1960, Blatt 154, der auch in der Wiener Zeitung vom 31. Jänner 1960, S.4 abgedruckt ist, legt den Todestag auf den 25. Dezember (1959). Dabei handelt es sich offensichtlich um einen Informationsfehler.

[7] Interview mit Frau Maria Szöllösi vom 20.9.94

1.2 Kindheit und Jugend

Geboren wurde Ilse Arlt wie gesagt in Pötzleinsdorf, Hauptstraße 52 (heute Pötzleinsdorferstraße 50[8], das Haus steht leider nicht mehr), die Familie übersiedelte aber bald in das in der Stadt gelegene Haus in der Bellariastraße 12.

Abbildung 2: Das Haus gegenüber dem Volkstheater (rechts) und dem Naturhistorischen Museum (hinten)

---

[8] recherchiert mit Häuserkataster 1891 und Josef Lenobel, Häuserkataster 1912

Abbildung 3: Hausseite in der Bellariastraße

Aufgrund der Berühmtheit des Großvaters war es selbstverständlich, dass in seinem Haus, in dem eben auch Ilse Arlt mit ihren Eltern und Geschwistern (ebenso die Familie Sindl) wohnte, viele berühmte Persönlichkeiten ein und aus gingen. Die Kinder durften bei diesen Gesprächen dabei sein, wenn sie sich nicht langweilten. Ilse fand daran großes Interesse, vor allem, wenn es dabei um ihre Frage ging, die Frage, warum Menschen arm sind.

Es gibt mehrere Erzählungen über Begebenheiten, wo sie sich schon als Kind vehement für die Unterstützung und Hilfe notleidender Menschen einsetzte.

Ihre Neugier galt aber nicht nur dieser speziellen Frage, sie war grundsätzlich ein sehr wissbegieriges Kind und konnte es auch nicht erwarten, endlich in die Schule gehen zu dürfen. Sie lernte daher aus den Büchern ihrer älteren Brüder, und konnte mit sechs Jahren schon gut lesen und schreiben. Der Lehrer der ersten Klasse riet deshalb, mit dem Schulbesuch ein Jahr zu warten und sie dann in die zweite Klasse einzuschreiben, weil er fürchtete, Ilse würde aus Langeweile nur den Unterricht stören. Das wiederholte sich allerdings jedes Jahr. Schließlich gab man es auf, sie überhaupt in die Schule zu schicken. Sie musste nur zu Schulschluss erscheinen, um ihre Prüfungen abzulegen. Als Dreizehnjährige hatte sie den Stoff der Hauptschule (Bürgerschule) mit Auszeichnung hinter sich gebracht.

Diese autodidaktischen Erfahrungen dürften wohl auch den Unterrichtsstil an ihrer Schule geprägt haben.

23

Im Alter von sechzehn Jahren übersiedelte Ilse Arlt mit ihrer Familie nach Graz. Darüber war sie nicht glücklich, denn sie trennte sich nur schwer von Wien. Deshalb nutzte sie diese Zeit weiter zum Studieren. Neben dem Erlernen der häuslichen Arbeiten, deren Kenntnisse ihr später bei ihren Forschungsarbeiten sehr zugute kamen, bewältigte sie auch einen großen Teil des Mittelschullehrplanes.

Mit zwanzig Jahren legte sie die Lehramtsprüfung für englische Sprache ab, für die sie sich auch ausschließlich allein vorbereitet hatte.[9] Knapp bevor sie eine Stelle als Erzieherin in einem englischen Internat antreten wollte, erkrankte sie an Typhus. So war an eine fixe Anstellung vorerst nicht zu denken und sie begann, Privatunterricht zu geben.

In dieser Zeit suchte sie auch eine Antwort auf die Frage: „Darf ich egoistisch eigene Fortbildung genießen oder sollte ich nicht zupacken und armen Kindern zum Sattessen und zu warmen Kleidern verhelfen?"[10] Schließlich beschloss sie, den Weg zur Hilfe über die geistige Arbeit zu suchen.

1.3 Studienzeit bis zur Gründung der „Vereinigten Fachkurse für Volkspflege"

Sie wurde Mitglied im „Sozialwissenschaftlichen Bildungsverein" in Graz und wurde dort gebeten, einen Artikel über die Vollversammlung des Deutschen Vereins für Sozialpolitik zu schreiben, worauf ihr von Prof. Dr. Ernst Mischler in Graz eine Stelle als wissenschaftliche Hilfsarbeiterin im Steirischen Statistischen Landesamt angeboten wurde. Außerdem lud dieser sie gemeinsam mit Prof. Dr. Eugen v. Phillipsberg Phillipovich (Wien) ein, für die „Internationale Vereinigung für gesetzlichen Arbeiterschutz" ein Referat über die „Gewerbliche Nachtarbeit der Frauen in Österreich" zu halten. Meines Wissens ist das ihre erste Veröffentlichung.

Sie kehrte bald darauf nach Wien zurück, hörte bei Phillipovich Vorlesungen in Nationalökonomie (1902-1904[11]) und es schien, dass ihr sehnlichster Wunsch in Erfüllung gehen sollte: Sie wurde – fünfundzwanzigjährig – von Prof. Phillipovich dem Handelsminister als erste Gewerbeinspektorin vorgeschlagen.

---

[9] Vgl. Maria Schenk, 1958: Ilse Arlt und ihr Lebenswerk. In: Soziale Berufe Wien. 10 (10) S. 195f. In dem Artikel „Eine Frau auf den Spuren der Armut" (Neues Österreich, 1956) heißt es, Ilse Arlt hätte die Prüfung schon mit 16 Jahren abgelegt, jedoch handelt es sich dabei wohl um eine ungenaue Wiedergabe davon, dass sie mit 16 Jahren nach Graz übersiedelt ist und dort diese Prüfung abgelegt hat.

[10] Maria Schenk, 1958: Ilse Arlt und ihr Lebenswerk. In: Soziale Berufe Wien. 10 (10) S. 196

[11] Vgl. Die Presse, Wochenausgabe, 1951 und Ilse Arlt, 1937: 25 Jahre Volkspflege. Vortrag, gehalten am 25. September 1937 anlässlich des 25jährigen Bestandes der Vereinigten Fachkurse für Volkspflege, Wien. Linz. S.4.

24

Doch der Arzt verbot ihr mit Rücksicht auf ihre schwache Konstitution die Ausübung dieses aufreibenden Berufes. Dieses Verbot hat sie sehr getroffen, es war für sie „eine der härtesten Enttäuschungen".[12]

Also wandte sich Ilse Arlt wieder dem Weiterlernen zu: dem Lesen von Fachliteratur und allen Berichten über menschliche Not, dem Besuch von Arbeiterversammlungen, Betrieben und Wohnungen, dem Schreiben von Zeitungsartikeln, der Nationalökonomie.

Sie setzte zunächst große Hoffnung in die neue Methode der deskriptiven Nationalökonomie, bei der Unmengen an Material über die „ungesicherten Volksschichten" gesammelt wurden, bis diese Methode an der Universität als „unauswertbar" wieder verlassen wurde – nicht jedoch von Ilse Arlt, die spürte, dass hier eine Arbeit auf sie wartete, für die sie von vornherein mehrere Jahrzehnte veranschlagte.

Was diese Arbeit für sie bedeutete, schreibt sie im „Nekrolog der ersten österreichischen Fürsorgeschule"[13]:

> „Da ich das damals erreichbare Wissen über die bedürftigen Volksgruppen erworben hatte, schrieb ich für Fachzeitschriften und wurde in fachliche Komitees eingeladen, fühlte aber, dass ich erst am Anfang meiner Aufgabe stand. Es galt, das Urmaterial zu sammeln, aus dem sich die Gesetzmäßigkeiten der Armut ergeben müssten. In jahrelanger leidvollster Arbeit wurden aus Zeitungen, Parlamentsberichten, naturalistischer Literatur, Biographien, gesellschaftskritischen, politischen und historischen Werken die Steinchen zusammengetragen, die schließlich ein sinnvolles Mosaikbild der Armut ergaben. Nun erkannte ich die Ursache für das Versagen der Deskriptiven Nationalökonomie: die Schilderungen waren nicht bis zu den letzten, nicht mehr teilbaren Tatsachen vorgedrungen, daher nicht eindeutig, daher wissenschaftlich wertlos. Ich erforschte solche letzte Tatsachen, entwickelte daraus meine Bedürfniskunde als erstes Ergebnis."

Je weiter sie in ihren Forschungsarbeiten voranschritt, umso klarer wurde ihr, dass für die Hilfe die damals weit verbreitete Formel „Das sagt einem schon das gute Herz, was man tun muss" nicht ausreichte, sondern dass die „planmäßige Erforschung der Vielfalt des Lebens" dafür notwendig war.[14] Diese Erkenntnis wollte sie aber nicht für sich behalten, daher hielt sie 1909[15] einen ersten probeweisen Einführungskurs ab, der auf so reges Interesse stieß, dass sie die Schaf-

---

[12] Maria Schenk 1958: Ilse Arlt und ihr Lebenswerk. In: Soziale Berufe Wien. 10 (10) S. 196

[13] Ilse Arlt, 1950: Nekrolog der ersten österreichischen Fürsorgeschule. In: Österreichisches Wohlfahrtswesen. Monatsblätter für soziale Fürsorge. Hrsg. Bundesministerium für Soziale Verwaltung. Wien. 8 (1950) 8 - 10

[14] Vgl. Maria Schenk, 1958: Ilse Arlt und ihr Lebenswerk. In: Soziale Berufe Wien. 10 (10) S. 197

[15] Vgl. Arthur Glaser, 1910: Die Frau in der österreichischen Wohlfahrtspflege. Referat erstattet in der Frage „Le role de la femme dans l'assistance" auf dem internationalen Kongresse für öffentliche Armenpflege und private Wohltätigkeit in Kopenhagen 1910. Mit Schlusssätzen von Ilse von Arlt. Herausgegeben vom österreichischen Komitée. Kopenhagen, S. 42

fung des Berufes der Wohlfahrtspflegerin näher ins Auge fasste. (1909 nehme ich deshalb an, weil Arthur Glaser 1910 davon spricht, dass dieser Kurs „im Vorjahr" stattgefunden habe.)

Schließlich wurde sie eingeladen, auf dem Internationalen Kongress für öffentliche und private Wohltätigkeit in Kopenhagen 1910 ein Referat zu halten. Leider war sie aufgrund einer langwierigen Krankheit wieder einmal verhindert, widmete aber ihre „Thesen zur sozialen Hilfstätigkeit der Frauen in Österreich" als Schlusswort dem Referat von Dr. Arthur Glaser zum Thema „Die Frau in der österreichischen Wohlfahrtspflege".[16] Darin schlägt sie die Schaffung dieses Berufes der Wohlfahrtspflegerin vor.

1.4 Die Vereinigten Fachkurse für Volkspflege und Forschungstätigkeit bis 1938

Zwei Jahre danach aber (mit 15. Oktober 1912[17]) gelang es ihr, in Wien die zweijährigen „Vereinigten Fachkurse für Volkspflege" zu gründen.

Dazu hatten sich mehrere Vereine zusammengeschlossen: die Sektion „Soziale Erziehung" des allgemeinen österreichischen Frauenvereines, die „Sozialpädagogische Gesellschaft" und die „Österreichische Gesellschaft für Kinderforschung".[18]

Zum Namen der Schule schreibt Ilse Arlt:

„Der lange Titel kommt daher, dass ich, was an Lernmöglichkeiten existierte, wie zum Beispiel die Samariterkurse, einbauen wollte. Der Name ‚Volkspflege' statt des eben in Aufnahme gekommenen ‚soziale Arbeit' bedeutete nicht nur ein neues Wort, sondern einen neuen Begriff und deutete an, dass wir nicht für die Hilfstätigkeit ausbilden wollten, wie sie damals war, sondern, wie sie werden sollte." [19]

Die neue Ausbildung sollte die gemeinsamen Elemente aller bisherigen sozialen Frauenberufe erfassen und so eine gemeinsame Grundlage schaffen, um einer

---

[16] Arhtur Glaser, 1910: Die Frau in der österreichischen Wohlfahrtspflege. Referat erstattet in der Frage „Le role de la femme dans l'assistance" auf dem internationalen Kongresse für öffentliche Armenpflege und private Wohltätigkeit in Kopenhagen 1910. Mit Schlusssätzen von Ilse von Arlt. Herausgegeben vom österreichischen Komitée. Kopenhagen

[17] Rosa Dworschak, 1951: Ilse Arlt - zum 75. Geburtstag. In: Österreichisches Wohlfahrtswesen. Monatsblätter für soziale Fürsorge. Hrsg. Bundesministerium für Soziale Verwaltung. 3/4 (1951). Wien, 12f.

[18] Setz, L. 1913: Die Volkspflege, ein neuer idealer Frauenberuf. Vereinigte Fachkurse für Volkspflege. In: Neue Freie Presse vom 4. Januar 1913, 21 f.

[19] Ilse Arlt, 1950: Nekrolog der ersten österreichischen Fürsorgeschule. In: Österreichisches Wohlfahrtswesen. Monatsblätter für soziale Fürsorge. Hrsg. Bundesministerium für Soziale Verwaltung. Wien. 8 (1950) 8-10

Zersplitterung der sozialen Arbeit durch die starke Spezialisierung entgegen zu wirken.[20] Ein zweiter wichtiger Grundsatz war für sie, den Unterricht stets nach den jeweiligen Lebensnotwendigkeiten, nicht nach den herrschenden Fürsorgeformen zu gestalten.[21] Deshalb waren die Kurse nicht nur Schule, sondern auch Forschungsanstalt.

Der dritte Aspekt dieser Ausbildungsstätte sollte ein „Volkspflegemuseum" sein, in dem alle Forschungsergebnisse, alle Seminararbeiten der Schülerinnen, alle Lehrmittel ausgestellt werden sollten. Die Eröffnung war für 1940 geplant, konnte aber nicht mehr verwirklicht werden. Wohl aber gab es jährlich Ausstellungen der jeweiligen Arbeiten (meistens in den Räumlichkeiten in der Sensengasse 5), aber nicht nur in Wien, zumindest einmal ist auch von Innsbruck die Rede.

Als Lehrkräfte konnte sie im Laufe der Zeit zum Teil sehr prominente Persönlichkeiten gewinnen, von denen sie in ihrem Vortrag anlässlich des 25-jährigen Bestehens der Schule sagt:

„Man nehme nur schöpferische Menschen als Lehrer, enge sie nicht in ihrem Wirken ein und entschädige sie nicht oder so schlecht, dass man nur reine Idealisten bekommt! Aller Dank also gebührt den Gestaltern unseres Unterrichtes." [22]

Ilse Arlt beschreibt ihren Unterrichtsstil im Artikel „Schaffende Arbeit im Fürsorgeunterricht" folgendermaßen:

„Die Schuldisziplin ist so lose als möglich gestaltet, indem die Schülerinnen nicht durch zahllose Vorschriften eingeengt, sondern auf die Entscheidungen ihres eigenen Verantwortungsgefühls hin-gewiesen werden. Wie auch in allen Lehrgegenständen mehr auf das Erwerben der Auffassung als auf Gedächtnisstoff Wert gelegt wird." [23]

Ihre beiden Schülerinnen, die ich interviewt habe, sagen:

„Die Schule war anders geführt, es war kein richtiger Schulbetrieb, sondern es war im Grunde genommen eine Akademie. Es war sehr frei, absolut modern, so wie man sich's heute überall wünscht, man konnte kommen, man konnte gehen, wie man wollte." [24]

---

[20] Vgl. Ilse Arlt, 1913: Die Fürsorgeschwester im Frieden und im Kriege. Eine Erwiderung. In: Wiener klinische Wochenschrift. Wien. Nr. 31 (26) 1278f.
[21] Vgl. Ilse Arlt, 1921: Die Grundlagen der Fürsorge. Österreichischer Schulbuchverlag. Wien. S. 185
[22] Ilse Arlt, 1937: 25 Jahre Volkspflege. Vortrag, gehalten am 25. September 1937 anlässlich des 25-jährigen Bestandes der Vereinigten Fachkurse für Volkspflege, Wien. Linz, S. 16
[23] Ilse Arlt, 1928: Schaffende Arbeit im Fürsorgeunterricht. In: Deutsche Zeitschrift für Wohlfahrtspflege. Berlin. 11 (3) S. 549
[24] Interview mit Katharina Huber und Johanna Czak vom 14.6.1994

Frau Arlt formuliert letzteres so:

„Für das Ausbleiben war keine Entschuldigung notwendig, – weiß doch jeder Mensch, dass man sich an manchen Tagen lernunfähig fühlt: Warum soll man für diesen Zustand einen Krankheitsnamen erfinden?"[25]

Der Großteil des theoretischen Unterrichtes fand in den Räumen des Gymnasiums in der Albertgasse 38 im 8. Bezirk statt, ihren eigenen Unterricht hielt Frau Arlt meistens in ihrer Wohnung in der Albertgasse 4, die sie 1917 nach dem Tod ihres Vaters gemeinsam mit ihrer Mutter bezogen hatte. (Zuvor waren die Kurse in der Langegasse 63 im 8. Bezirk.[26])

Abbildung 4: Das Haus in der Albertgasse

[25] Ilse Arlt, 1958: Wege zu einer Fürsorgewissenschaft. Verlag Notring der wissenschaftlichen Verbände Österreichs. Wien, S. 126
[26] Setz, L. 1913: Die Volkspflege, ein neuer idealer Frauenberuf. Vereinigte Fachkurse für Volkspflege. In: Neue Freie Presse vom 4. Januar 1913, 21 f.

Dazu kamen noch eine Reihe weiterer Vortragsorte sowie die zahlreichen Übungs- und Hospitierstellen.

Aus Zeitgründen gehe ich auf den Lehrplan hier nicht näher ein.

Abbildung 5: Hauseingang

Nur zwei Wochen nach Abschluss des ersten Ausbildungsjahrgangs brach der Erste Weltkrieg aus und stellte einerseits den neuen Fürsorgerinnen herausfordernde Aufgaben und andererseits der Schule die Frage, ob das Ausbildungskonzept auch diesen Anforderungen standhalten könne.

Frau Arlt war mit dem Ergebnis dieser harten Bewährungsprobe zufrieden:

„Die Bewährung meiner 16 von 1912-14, also im Frieden Ausgebildeten war in den Flüchtlingslagern und dann in aller Kriegsfürsorge derart, daß die Vorurteile gegen berufsmäßige Fürsorge wie von einem Sturm weggefegt wurden."[27]

Um das Jahr 1923 erhielt sie als erste Österreicherin[28] den Titel „Bundesfürsorgerat"[29].

Neben der Leitung ihrer Schule, die bis 1938 ihre Hauptaufgabe darstellte, war es ihr ein wichtiges Anliegen, ihr Wissen und ihre Forschungsergebnisse auch in die breiteste Öffentlichkeit dringen zu lassen. Sie sprach öfters im Rundfunk und in Volksbildungshäusern, auch in Mailand (1926), Paris (1928) und London (1933). Auch (fach)schriftstellerisch war sie sehr aktiv, schrieb weiterhin Artikel für die unterschiedlichsten Zeitschriften, verfasste Broschüren und das Buch „Die Grundlagen der Fürsorge".

1937 konnte sie das 25-jährige Bestehen ihrer Schule feiern. In der Neuen Freien Presse heißt es dazu:

„Dieser Tage fand im dichtgefülltem Saale des Ingenieur- und Architektenvereines eine Tagung der Gesellschaft für Volkspflege statt, in der das 25-jährige Jubiläum der weit über Österreich hinaus bekannten Fürsorgeschule Ilse v. Arlt gefeiert wurde. Die Berichte und Referate vieler ehemaliger Schülerinnen zeigten auch, wie sehr sich die systematische Bearbeitung der Armutskunde und die vorbildliche Ausbildung zahlreicher Volkspflegerinnen im Krieg und Frieden bewährt hat. Viele Schülerinnen Ilse v. Arlts stehen heute in Wien und in allen Bundesländern oft an leitender Stelle Trägerinnen aller jener hohen Ideen, die sie einst im zweijährigen Lehrgang der Schule in Wien empfingen. Bei der Tagung, der auch Altbundespräsident Dr. Hainisch beiwohnte, dankte Fürstin Fanny Starhemberg der Gründerin der Schule für die wertvolle Arbeit, die Ilse v. Arlt in ihrer wissenschaftlichen Erforschung der Elendsursachen und ihrer Bekämpfungsmittel nicht nur für die Sozialwissenschaft, sondern speziell für die österreichische Heimat geleistet hat." [30]

---

[27] Ilse Arlt, 1950: Nekrolog der ersten österreichischen Fürsorgeschule. In: Österreichisches Wohlfahrtswesen. Monatsblätter für soziale Fürsorge. Hrsg. Bundesministerium für Soziale Verwaltung. Wien. 8 (1950) 8 - 10

[28] Neues Österreich, Organ der demokratischen Einigung. 1956: Eine Frau auf den Spuren der Armut. Vom 1. Mai 1956, S. 8

[29] In den veröffentlichten Schriften tritt dieser Titel zum ersten Mal im Buch „Zeitgemäße Hausführung" auf (im Vorwort vom Juli 1923)

[30] Neue Freie Presse. 1937: Fünfundzwanzig Jahre Volkspflegekurse Ilse v. Arlt. Vom 1.Oktober 1937, S. 7

1.5 Die Zeit von 1938 bis 1945

Als sie 1938 ihre Schule schließen musste, begann für Frau Arlt eine Zeit größter Armut, so beschreibt es zumindest ihre Nichte, Frau Ilse Furst.[31]
Sie war laut Frau Furst 2 Jahre (1944/45) in Klagenfurt bei ihrem Bruder Benno, um auf den kleinen Ferdinand aufzupassen, weil Benno seine Frau durch einen Streifflieger verloren hatte.[32]
Auf die Frage, was Frau Arlt in der Zeit von 1938 bis 1945 gemacht habe, antworten die beiden Schülerinnen, die ich interviewt habe:

„Ja, da wissen wir nichts. Nur, dass einmal unter den ehemaligen Schülerinnen gesammelt wurde während des Krieges, für sie persönlich. Dadurch dass sie ja keine Schule mehr hatte, war auch ihr Einkommen weg. Sie hat keine Pension gehabt, keine Versicherung, also praktisch gar nichts. Ihr Lebensunterhalt war nicht gedeckt."[33]

Frau Szöllösi meint:

„Sie ist unterstützt worden von den Verwandten..., Sie hat zwar, glaub' ich eine Lebensversicherung gehabt, aber die ist erst viel später in Erscheinung getreten. Sie ist sehr viel auch von Wilhelm Arlt unterstützt worden, dem ist es ja sehr gut gegangen, der war beim Jugendgericht eine ziemlich hohe Persönlichkeit." [34]

In einem Zeitungsartikel[35] heißt es, Frau Arlt hätte erst von einer kleinen Altersrente, später von einer Gnadenpension des Kulturamtes der Stadt Wien gelebt.

1.6 Nachkriegszeit, Lebensabend

1946 eröffnete Ilse Arlt ihre Schule noch einmal, „auf Wunsch und mit Hilfe ehemaliger Schülerinnen", wie sie im „Nekrolog der ersten österreichischen Fürsorgeschule"[36] schreibt.

---

[31] aus einem Brief von Ilse Furst vom 15.10.94
[32] aus einem Brief von Ilse Furst vom 15.10.94
[33] Interview mit Katharina Huber und Johanna Czak vom 14.6.94
[34] Interview mit Maria Szöllösi vom 20.9.94
[35] Neues Österreich, Organ der demokratischen Einigung. 1956: Eine Frau auf den Spuren der Armut. Vom 1. Mai 1956, S. 8
[36] Ilse Arlt, 1950: Nekrolog der ersten österreichischen Fürsorgeschule. In: Österreichisches Wohlfahrtswesen. Monatsblätter für soziale Fürsorge. Hrsg. Bundesministerium für Soziale Verwaltung. Wien. 8 (1950) 8-10

„Hoffentlich wird man erkennen, wie sehr es im Interesse gerade eines tief ins Elend gesunkenen Volkes ist, ein solches Werk mit allen Mitteln zu fördern!", heißt es in der Presse vom 2. Mai 1947.[37]

Dennoch musste die Schule 1950 endgültig ihre Pforten schließen, wegen „Überbürdung", wie Ilse Arlt selbst sagt (Sie war zu diesem Zeitpunkt immerhin schon 74 Jahre alt)[38].

Frau Dworschak schreibt 1951 anlässlich des 75. Geburtstages von Ilse Arlt:

> „Niemand, auch sie selbst nicht, hat das Aufgeben der Schule als ein Ende erlebt. Durch die Einstellung des Unterrichtes entlastet, arbeitet sie in ungebrochener Frische und Tatkraft daran, ihre Erfahrungen und Pläne festzuhalten und als Rüstzeug zur Fortführung ihres Werkes zu sichern.(...) In regem Kontakt mit den in allen Zweigen der Fürsorgearbeit im In- und Auslande arbeitenden Schülerinnen verfolgt sie aufmerksam die weitere Entwicklung und erlebt die hohe Befriedigung, dass ihr Werk weder überaltern, noch überholt werden kann, sondern dass es seine fundamentale Bedeutung behält und immer aufs neue beweist."[39]

Am 15. Jänner 1955 erhielt Frau Arlt als Auszeichnung für ihre Tätigkeit den Dr. Karl Renner-Preis (verbunden mit einer Geldwidmung von 10.000 Schilling).[40]

1957 nahm Frau Direktor Anna Holecek (geb. Rosenfeld), die damalige Leiterin der Fürsorgeschule der Stadt Wien, auf Bitte des Vizebürgermeisters Kontakt auf mit ihr, um die 1938 geretteten Reste ihrer Sammlungen in diese Schule (damals noch im 15. Bezirk) zu bringen.

Frau Holecek erzählt darüber:

> „Die Arbeit war furchtbar. Der ist gekommen mit dem Wagen und hat das in der Kanzlei bei uns ausgeschüttet. – Sie war irgendwie jüdisch versippt, ich weiß nicht wie, hat sich vor den Nazis natürlich gefürchtet und hat die Einbanddeckel von allem abgerissen. Das ist nur so herumgeflogen. Aber ich habe drei schöne Vitrinen von der Gemeinde Wien bekommen, und mit Hilfe meiner Studenten haben wir diese Sammlungen geordnet, und ich hab sie auch eingeladen, wir haben sie mit dem Wagen abgeholt. Sie hat gesehen, wie schön ausgestattet ihre Arbeiten da in den Regalen von den Vitrinen standen. Und das hat sie unendlich gefreut." [41]

---

[37] Mitterer, Erika. 1947: Bundesfürsorgerat Ilse Arlt. In: Die Presse vom 2. Mai 1947, S. 6

[38] Ilse Arlt, 1950: Nekrolog der ersten österreichischen Fürsorgeschule. In: Österreichisches Wohlfahrtswesen. Monatsblätter für soziale Fürsorge. Hrsg. Bundesministerium für Soziale Verwaltung. Wien. 8 (1950) 8-10, vgl. auch Die Presse, Wochenausgabe. 1951: Die Nestorin des Fürsorgewesens. Gespräch mit Ilse Arlt. Vom 28. April 1951, S. 13

[39] Dworschak, Rosa. 1951: Ilse Arlt – zum 75. Geburtstag. In: Österreichisches Wohlfahrtswesen. Monatsblätter für soziale Fürsorge. Hrsg. Bundesministerium für Soziale Verwaltung. 3/4 (1951), Wien, 12f.

[40] Rathaus-Korrespondenz. 1954: Die Preisträger der Dr. Karl Renner-Stiftung 1954. Vom 13. Dez. 1954. Blatt 2165-2171.

[41] Interview mit Anna Holecek-Rosenfeld vom 2.5.94

Ich hatte 1995 die Möglichkeit, diese Arbeiten der Schülerinnen in der Frey-taggasse im Keller-Archiv zu besichtigen, durfte allerdings nichts davon kopieren. Ob sie sich heute noch immer dort befinden, ist mir leider nicht bekannt. Ilse Arlt starb am 25. Jänner 1960[42] im Alter von fast 84 Jahren. Frau Szöllösi sagt darüber:

> „Sie ist in ihrer Wohnung hingefallen, hat sich den Oberschenkelhals gebrochen und ist dann fast 24 Stunden in der Wohnung gelegen. Sie kam dann noch ins Allgemeine Krankenhaus. Dort starb sie ungefähr vier Tage später an einer Lungenentzündung." [43]

In manchen Berichten ist von einem Unfall, auch von einem Autounfall die Rede.

Ich finde es tragisch, dass sie, die den Gefahren im Haushalt so viel Interesse entgegenbrachte, der diese Unfallverhütung so wichtig war, an den Folgen eines Haushaltsunfalls gestorben ist.

Ihr Grab befindet sich auf dem Wiener Zentralfriedhof, Gruppe 84, Reihe 18, Nr. 43.

Es ist mittlerweile ein Ehrengrab der Stadt Wien, was es zur Zeit meiner Diplomarbeit noch nicht war.

---

[42] St.A. Wien-Alsergrund, Sterbebuch Nr. 254/60. Der Bericht „Rennerpreisträgerin Ilse Arlt gestorben" in der Rathaus-Korrenpondenz vom 30. Jänner 1960, Blatt 154, der auch in der Wiener Zeitung vom 31. Jänner 1960, S.4 abgedruckt ist, legt den Todestag auf den 25. Dezember (1959). Dabei handelt es sich offensichtlich um einen Informationsfehler.
[43] Interview mit Maria Szöllösi vom 20.9.94

Abbildung 6: Grabstein auf dem Zentralfriedhof (Foto Christine Wlach)

Abbildung 7: Grabinschrift (Foto: Christine Wlach)

2. Schlussbemerkung

Ich schließe mein Referat mit einer wie mir scheint ganz treffenden Zusammenfassung der Persönlichkeit Ilse Arlts aus der Diplomarbeit von Micaela Schnitter:

„Das Material lässt vermuten, dass es sich bei Arlt um eine sehr intelligente, mit einem großen Wissen ausgestattete, überwiegend mutige aber auch Phasen tiefster Verzweiflung kennende, ständig neue Ideen produzierende, facettenreiche Frau mit vielen Begabungen gehandelt hat. Offenbar war sie ein Gesellschaftsmensch, der gerne im Mittelpunkt stand, mitteilsam und diskutierfreudig, wenn es um Fachwissen ging, verschlossen jedoch, wenn es persönliche bzw. private Belange betraf, ... Sie scheint eine Frau gewesen zu sein, die zeitlebens trotz ihrer angeschlagenen Gesundheit und vielfach an ihr und ihrer Arbeit geübter Kritik unbeirrt ihren Ideen folgte." [44]

Abbildung 8: Ilse von Arlt

(Quelle: Maria Szöllösi)

---

[44] Schnitter, Michaela. 2003: Ilse von Arlt – eine Wegbereiterin der Sozialen Arbeit in Österreich. Ein Beitrag zur Rekonstruktion der Biografie und des Werkes. Oldenburg. S. 41

Ilse (von) Arlt
als Begründerin der SozialarbeiterInnenausbildung im Alten Österreich und Theoretikerin einer zu schaffenden Fürsorgewissenschaft

Werner Steinhauser

Meine eigene berufliche Laufbahn begann ich vor 50 Jahren als Psychologe am Amt für Jugend und Familie der Stadt Wien, war von 1971 bis 1973 Direktor des Instituts für Heimerziehung der Stadt Wien, bis 1992 Direktor der Akademie für Sozialarbeit für Berufstätige, einer Ausbildungsform, die von mir als Abendschule initiiert worden war. Nach meiner Pensionierung übte ich noch die Tätigkeit eines Klinischen- und Gesundheitspsychologen und Psychotherapeuten mit Praxis in Wien und in der Steiermark aus. Dies zu erklären ist erforderlich, weil es aufzeigt, wie ich durch das Sammeln verschiedenster Erfahrungen zur Sozialarbeit und nicht zuletzt zur Beschäftigung mit Frau Arlt gelangte.

Im Jugendamt gewann ich die Einsicht in die multikausale Bedingtheit devianten Verhaltens und die sich daraus zwingend ergebende Notwendigkeit interdisziplinärer Zusammenarbeit zu ihrer Behebung. Dies führte dazu, dass ich für eine Reihe von Verbesserungen und Reformen eintrat und so Mitglied der Wiener Heimkommission wurde, die sich mit Formen der Heimerziehung und alternativen Erziehungsmodellen befasste. Ich war dabei für das Thema Supervision und Psychotherapie, sowie für ergänzende Rahmenmaßnahmen zuständig. In all diesen Belangen waren SozialarbeiterInnen meine Gesprächspartner.

Weil auch im Bereich der ErzieherInnenausbildung Reformbedarf bestand, wurde ich schließlich zum Direktor des damaligen Institutes für Heimerziehung mit angeschlossener Forschungsstelle berufen. Wiederum setzte ich mich für eine erweiterte und aktualisierte Ausbildung und für die Vorbereitung der künftigen ErzieherInnen (Sozialpädagogen/innen) auf die interdisziplinäre Zusammenarbeit mit Sozialarbeitern/innen, Ärzten/innen und Psychologen/innen ein. Die Absolventen/innen sollten u.a. besser auf das Umsteigen auf verwandte Berufe und in entstehende Alternativen vorbereitet werden.

1972 beauftragte mich die Caritas zusätzlich damit, die damals bestehende ExternistInnenausbildung an der auslaufenden Caritaslehranstalt zu betreuen. Anbetrachts der Veränderungen in der Sozialarbeit von der paternalistischen

Fürsorge zur methodenorientierten Fallarbeit sah ich für diese Ausbildungsform keine Zukunft und entwickelte zusammen mit meiner Kollegin Dr. Eva Maria Mendl, die auch ausgebildete Sozialarbeiterin war, das Modell einer Abendausbildung für SozialarbeiterInnen, zu deren bundesstaatlichem Direktor ich schließlich bestellt wurde.

Ausgehend von der Auffassung, dass Sozialarbeit und Sozialpädagogik Subsysteme der Gesellschaft und damit auch Instrumente der Sozialpolitik seien und dass es daher erforderlich sei, die von der Gesellschaft angepeilten Zielsetzungen, die dabei angewandten Methoden und letztlich deren Effektivität zu überprüfen, geriet ich einmal mehr in Reformbemühungen. Das Ausbildungsmodell für SozialarbeiterInnen stammt ja im Wesentlichen noch aus der Zeit nach dem 1. Weltkrieg und war längst den nunmehrigen gesellschaftlichen Verhältnissen nicht mehr angemessen. Man betrachtete ja jetzt den/die Klienten/in nicht mehr als anzupassendes Objekt, sondern als Subjekt, dem Hilfe zur Selbsthilfe, Entwicklung der Persönlichkeit und soziale Integration ermöglicht werden wollte. Als Vorsitzendem unseres Direktorenverbandes durch rund 14 Jahre war es mir daher ein besonderes Anliegen, alle Ansätze zur Ausbildungsreform in Theorie, Praxis, Methodik und zur Sozialforschung zu unterstützen.

In diesem Zeitabschnitt, also in den 70er Jahren, fand ich der Vernichtung durch die Nationalsozialisten entgangene Literatur Arlts, auch spärliche Reste ihrer Sammlungen für das geplante Dokumentationszentrum und in Form eines Buchumschlages den kompletten Lehrplan ihrer Ausbildungsstätte.

Dies veranlasste mich dazu, mich mit Ilse von Arlt näher auseinander zu setzen – umso mehr, als ich zunehmend die Bedeutung ihrer Überlegungen auch für eine moderne Ausbildung zu erkennen vermochte, nicht zuletzt entsprachen sie ja meinen eigenen Vorstellungen von einer umfassenden, offenen und interaktiven Strategie in Sozialarbeit und Sozialpädagogik.

Besonders faszinierte mich die Sicht Arlts vom Menschen als Täter und Opfer in ökologischen Zusammenhängen, von der Armut nicht als unabänderlichem Faktum, sondern als Auswirkung gesellschaftlicher und wirtschaftlicher Gegebenheiten, die es zu erforschen und zu beheben gelte. Sie war der Ansicht, dass man sich nur dann erfolgreich mit menschlicher Not auseinandersetzen könne, wenn man ihre Entstehungsvoraussetzungen ausreichend erforscht habe.

1. Zum familiären Hintergrund Ilse Arlts

Die Kenntnis dieses Hintergrundes ist nicht ohne Belang für das Verständnis der Persönlichkeit und des Werkes der Genannten.

Sie wurde als zweitjüngstes von 4 Kindern am 1.5.1876 in Wien geboren, wo sie auch 84jährig am 15.12.1959 an den Folgen eines Verkehrsunfalls starb. Ihr Großvater war der weltberühmte Ophtalmologe Hofrat Dr. Ferdinand Karl Ritter von Arlt, geboren am 18.4.1812 in Obergaupen bei Tepplitz, verstorben am 7.3.1887 in Wien. Er war der Verfasser zahlreicher international bedeutender Werke der Augenheilkunde, wurde mit höchsten Orden ausgezeichnet und von Kaiser Franz Josef wegen seiner Verdienste nobilitiert. Er entstammte einfachen Verhältnissen, war eines von 8 Kindern eines Bergschmiedes in Obergaupen. Zunächst sollte er Priester werden, entschloss sich aber nach dem Ablegen der Matura zum Medizinstudium in Prag. Er habilterte sich nach Abschluss desselben und wirkte zunächst als o. Professor an der Deutschen Universität Prag, bis er einem Ruf an die Universität Wien folgte.

Ilse Arlts Vater, Ferdinand Ritter von Arlt, geboren am 18.12.1842 in Prag, verstorben am 23.2.1917 in Wien, verehelicht mit Maria in Königsberg, geboren am 27.3.1849 in Wien, dort verstorben am 12.12.1923, war ebenfalls Augenarzt. Zuerst in der Prager-, später in der Wiener- und Grazer Gesellschaft gut integriert, verfügte er über einen angesehenen Bekanntenkreis, darunter zahlreiche Gelehrte. Die als „großbürgerlich" anzusehende Familie war überall sozial engagiert. Ilse Arlts stets waches Interesse am Sozialen hängt möglicherweise mit dem Wissen um die eigene einfache Herkunft zusammen. Der mütterlicherseits gegebene jüdische Hintergrund (die Arlts waren katholisch) sollte für Ilse Arlt später belastend werden.

Ihre unveröffentlichte Autobiographie, im Besitz der Österreichischen Akademie der Wissenschaften, lässt darauf schließen, dass sie ein aufgewecktes Kind war, viel Einfühlungsvermögen besaß, soziales Interesse zeigte. So erwähnt sie, dass sie als 5-Jährige ein nachhaltiges, erschütterndes Schlüsselerlebnis gehabt habe. Ihr damaliger Schwimmlehrer im Salzkammergut sei nach einer verregneten Sommersaison unverschuldet in größte Not geraten und von der Versteigerung seines Hauses bedroht gewesen. Das habe sie so betroffen gemacht, dass sie nach dieser ersten Begegnung mit Not und Armut die Eltern zu einer Hilfsaktion bewogen habe. Dieses Erleben sei für ihr ganzes künftiges Wirken bestimmend geworden und habe sie dazu veranlasst sich zeitlebens mit diesem Thema zu befassen.

Im Gegensatz zu ihren Brüdern besuchte sie keine Schule, wurde durch ihre Mutter nach dem Volksschullehrplan unterrichtet, lernte durch Mitlernen bei den Brüdern und durch das Zuhören bei Diskussionen, die in der Familie mit gelehrten Freunden geführt wurden. Sie bereitete sich autodidaktisch auf die Staatsprüfung in Latein und Englisch vor und betrieb schließlich ein irreguläres Universitätsstudium bei führenden Sozialpolitikern Österreich-Ungarns, darunter den Professoren Eugen Phillipovich von Phillipsberg, Nationalökonom in Wien und Prof. Ernst Mischler, Statistiker und Sozialwissenschaftler in Graz.

Sie wurde wissenschaftliche Hilfskraft am Steiermärkischen Statistischen Landesamt, engagierte sich im eben gegründeten „Sozialen Bildungsverein", wo sie, obwohl ihr eine anerkannte höhere Ausbildung fehlte, das Referat über „Gewerbliche Nachtarbeit" erhielt. Sie verfasste in diesem Lebensabschnitt u.a. einen viel beachteten Beitrag über einen Kongress in Wohnungsfragen, an dem sie in München teilgenommen hatte.

Danach setzte sie bis 1905 ihre Studien in Wien fort, wobei ihr immer deutlicher wurde, dass zwar gewaltige Fortschritte auf technischem und ökonomischem Gebiet stattfanden, es im Bereich des „Humanen" aber an grundlegendem Wissen fehlte und keine Entwicklung gebe. Während sich Studienkollegen/innen enttäuscht von der rein deskriptiven Wissenschaft abwandten, blieb sie dem, was sie als Mission wähnte, treu. Schließlich sollte sie die erste weibliche Gewerbeinspektorin in Österreich-Ungarn werden, was aber ihr schon damals labiler Gesundheitszustand nicht zuließ.

Sie beschäftigte sich in weiterer Folge besonders mit den Arbeitsbedingungen von Frauen, u.a. in der Nachtarbeit, der Entlastung unehelicher Mütter, der Sicherung von Urlaubs- und Erholungsaufenthalten, den Kranken-, Invaliditäts- und Arbeitslosengeldern und setzte sich für die Schaffung entsprechender Gesetze ein. Immer wieder vertrat sie die Ansicht, dass Armut und Bedürftigkeit ohne entsprechende Forschungsgrundlagen und eine adäquate Ausbildung nicht lösbar sein würden. Aus diesem Grunde sollte die Ausbildung Wissen, praktische Erfahrungen und Fähigkeiten vermitteln, auch Forschung beinhalten.

1910 hielt sie auf dem Int. Kongress für „Öffentliche Arbeits- und private Wohlfahrtspflege" in Kopenhagen einen Vortrag, in dem sie erstmals ihre Vorstellungen für den Beruf der „Wohlfahrtspflegerin" formulierte, ein Arbeitsgebiet, für das sie die Frauen, an deren geistiger Entwicklung ihr etwas lag, als besonders prädestiniert erachtete. 1912 gründete sie dann in den „Vereinigten Fachkursen für Volkspflege" die erste Fürsorgeschule auf dem Gebiet der Monarchie, die in einer 2-jährigen Ausbildung Wissen, praktische Fähigkeiten und Kenntnisse von Institutionen vermitteln sollte. Sie förderte persönlich und teilweise auch durch Mitwirkung als Lehrkraft weitere Schuldgründungen, so 1916 die „Sozialcaritative Frauenschule der kath. Frauenorganisation" von Wien und NÖ, wenig später, 1917, die der „Fachkurse für Jugendfürsorge", ab 1919 „Akademie für Soziale Verwaltung" der Stadt Wien (später Fürsorgeschule, dann Höhere Lehranstalt, schließlich Akademie für Sozialarbeit).

Ihre eigene Ausbildungsstätte sah sie immer auch als Forschungseinrichtung, die Grundlagen für die Sozialarbeitspolitik und die Sozialpolitik zu erarbeiten habe. In diesem Sinne verfasste sie zahlreiche Schriften aufklärerischer Natur für ein breites Publikum, analysierte fachbezogen historische Entwicklungen in verschiedenen Ländern und Kulturen im Hinblick auf das Entstehen von Armut und auf die bisherigen unzulänglichen Versuche zur Hilfeleistung.

1912 verfasste sie das Buch „Die Grundlagen der Fürsorge" und die Erste Republik ehrte sie in Würdigung ihrer Bemühungen durch die Verleihung des Titels „Bundesfürsorgerat". Gesinnungsgemäß stand sie übrigens der damaligen Sozialdemokratie nahe.

1938 wurde ihr, aufgrund ihrer mütterlicherseits jüdischen Abstammung, jegliche Lehrtätigkeit untersagt, ebenso das Publizieren, die Ausbildungsstätte geschlossen, die Bücher eingestampft und ihre bereits im Entstehen begriffene Materialsammlung für ein Fürsorgemuseum (Dokumentationszentrum) in alle Winde zerstreut. Spärliche Reste gingen in der unmittelbaren Nachkriegszeit und im Zuge von Übersiedlungen verloren. Finanziell geriet sie in eine Notsituation.

Ab 1945 ließ sie ihre Fachkurse wieder aufleben, fehlende Mittel, vor allem aber ihre gesundheitlichen Umstände zwangen sie bereits 1948 zu einer neuerlichen Schließung.

1954 erhielt sie in Würdigung ihrer Verdienste den „Doktor-Karl-Renner Forschungspreis". 1958 erschein dann anlässlich ihres 80. Geburtstages das letzte Buch „Wege zu einer Fürsorgewissenschaft", bezeichnenderweise herausgegeben vom Notring der Wissenschaftlichen Verbände Österreichs. Sie wies darin neuerlich auf weitere notwendige Forschungsbeiträge hin, auf die Schaffung weiterer Bildungs- und Beratungseinrichtungen, die nötige Begrenzung der wöchentlichen Arbeitszeit (damals noch 45 Stunden Woche), auf ausreichende Maßnahmen zur Verbesserung des Loses von Behinderten, zur Betreuung von Sucht- und Geisteskranken, Häftlingen und Haftentlassenen und die Entwicklung humaner Erziehungsmethoden. Sie trat weiters für die internationalen Zusammenschlüsse ein, die Fixierung von Rechtsansprüchen und machte auch darauf aufmerksam, dass punktuelle Maßnahmen bei fehlender Gesamtsicht unter Umständen neue Probleme schaffen könnten (siehe Bioäthanolproduktion – Verteuerung der Grundnahrungsmittel). Auch verwies sie darauf, dass es nicht nur gelte, bereits bestehende Einrichtungen zu verbessern, sondern die Anliegen von Klienten/innen, an denen Maßnahmen vorbei zielten oder die gar nicht erfasst würden, entsprechend wahrzunehmen.

Sie starb 1959, wie schon erwähnt, an den Folgen eines Verkehrsunfalls. Von Fachkreisen betrauert, erfolgte ihr Tod ansonsten weitgehend unbemerkt. Beigesetzt wurde sie auf dem Wiener Zentralfriedhof.

Prof. Rosa Dworschak, die 1991 verstorbene Nestorin der österreichischen Sozialarbeit (Bundesfürsorgerätin), bezeichnet sie in einem mir überlassenen Beitrag über Arlt als Persönlichkeit mit weiten Perspektiven, die Schülerinnen mitzureißen und zu überzeugen vermochte und stets um die wissenschaftliche Grundlegung der Sozialarbeit bemüht war.

2. Ilse Arlt als Pionierin wissenschaftlicher Grundlagen der Sozialarbeit

Sie begnügte sich nicht damit, Armut und Not als Faktum hinzunehmen und zu beschreiben, sie sah sie vielmehr als Folgen eines mehr oder minder langfristigen Prozesses, den es zu erforschen gelte, weil ohne das Wissen um die Auslöser keine erfolgreiche Fürsorge- bzw. Wohlfahrtspflege möglich seien. Sie sah deshalb Forschung, Ausbildung und Fürsorge stets als Einheit an. Statt sich dieser Auffassung nach dem 2. Weltkrieg anzunehmen, griff man bedauerlicherweise auf die Ausbildungsmodalitäten der 20er Jahre zurück. Diese bestanden im Wesentlichen aus der Vermittlung von Handlungswissen und knapper Praxis, Entwicklungen, wie sie mittlerweile in den USA oder Skandinavien stattgefunden hatten, wurden nicht rezipiert, Forschung fand überhaupt nicht statt.

Arlt war auf der Suche nach einem Ordnungsprinzip von einer Skala fundamentaler menschlicher Bedürfnisse ausgegangen und hatte den Begriff der Notschwelle formuliert, der sich für die aus dem jeweiligen Abstand von der Befriedigung eben dieser Bedürfnisse ergab. Für sie war der Kulturzustand eines Landes nicht durch seine Höchstleistungen, sondern aus der tiefsten geduldeten Entbehrung ablesbar, die sie als Grenznot definierte. Bei allen erkennbaren Fortschritten blieb ihr der grenzüberschreitende Charakter von Not nicht verborgen, damit Vernetzungs- und Globalisierung vorwegnehmend. Sie sah so den Armutsbegriff in Verbindung mit den Begriffen von Wert-, Eigentums- und Machtverhältnissen, den Menschen als Täter wie als Opfer, in einem umfassenden Netzwerk mit ungleichen rechtlichen, wirtschaftlichen, bildungsmäßigen und soziopsychologischen Voraussetzungen, mit anderen Worten mit unterschiedlich eingeschränkten Möglichkeiten zur Stillung fundamentaler menschlicher Grundbedürfnissen und erreichbarer Ziele. (Siehe die derzeitige Debatte über die Chancenungleichheit für Kinder aus der sozialen Grundschicht.)

Einen Ansatz zur Problemlösung erblickte sie darin, mit Hilfe von Forschung eine Lehre von den Beziehungen der Betroffenen zur gesamten Umwelt und den organischen und anorganischen Existenzbedingungen zu schaffen, weil es schließlich nichts gebe, was nicht auf das Schicksal eines Menschen Einfluss ausübe.

Diese ganzheitlichc Betrachtungsweise war für die damalige Zeit zweifelsohne etwas völlig Neues. Die Zukunft der Fürsorgearbeit (Sozialarbeit) beruhte aus ihrer Sicht auf der systematischen Ergründung von Ursachen und Wirkungen in Zusammenarbeit mit anderen Wissenschaftszweigen und in der späteren Entwicklung einer ökologischen Hochschule mit praxisbezogener Forschung und der Umsetzung der dabei gewonnen Einsichten in die Ausbildung und die praxisbezogene Anwendung. Alle sozialen Berufe würden darin vernetzt sein.

Ein epochemachender Gedanke, wenn man ins Kalkül zieht, dass man in Österreich bis zum heutigen Tag auf spezifischer Spartenausbildung beharrt (siehe Sozialarbeit/Sozialpädagogik/Kindergartenpädagogik) und noch in den 80er Jahren in der SozialarbeiterInnenausbildung die praxisbezogene Forschung und die Studienbibliotheken aus den Ausbildungsplänen strich. Nur mit Hilfe eines Gutachtens von Prof. Strotzka gelang es, die Forschung in Form von Projekten wieder in die Curricula hinein zu reklamieren.

Alrts Bemühungen zielten u.a. auch auf die Schaffung eines Fürsorgewörterbuchs bzw. eines Soziallexikons und ein „Fürsorgemuseum" sollte zum Dokumentationszentrum werden, wofür sie 1938 schon umfangreiches Material gesammelt hatte.

Die Tatsache, dass sie ein „Mischling" war (der Meldezettel aus dieser Zeit weist einen diesbezüglichen Vermerk auf) und mit ihren Ansichten nicht in die NS-Ideologie passte, der zu Folge nur Würdigen und rassisch Wertvollen Hilfe zuteil werden sollte, zwangen sie – wie auch ihr zunehmend schlechter Gesundheitszustand – zur Untätigkeit, so blieb letztlich ihr Mühen fragmentarisch.

3. Resümee

Ilse Arlt erweist sich als aufgeklärte Humanistin, liberal in ihrer Haltung ohne Liberale im politischen Sinn zu sein, obwohl in manchem in ihrer Zeit verhaftet, als besonders weit blickend vor allem im Hinblick darauf, die Stellung der Frauen in sozialer, rechtlicher und wirtschaftlicher Hinsicht zu verändern, wo sie einen emanzipatorischen Standpunkt vertritt.

Sie sieht in aller Deutlichkeit die Notwendigkeit praxisbezogener Forschung, aus ihren Ergebnissen entwickelter Methoden und einer Handlungsstrategie. Unter Berücksichtigung von Basiswissenschaften soll die Sozialarbeit eigene Wissenschaft werden, gelehrt auf einer ökologischen Hochschule.

Sie wird mit Recht als Vorkämpferin für eine moderne, weltoffene SozialarbeiterInnenausbildung mit Ansätzen zu einer fachspezifischen Theorie angesehen.

II. Anschlüsse an Gegenwartsdiskurse

Institutionskritik, Individualisierung, Gesellschaft.
Ilse Arlts Denken als Anregung

Peter Pantucek

Am Ilse Arlt Institut wollen wir ein sozialarbeitswissenschaftliches Institut aufbauen, das die unproduktiven Diskussionen des Mainstreams der deutschsprachigen Debatte eher unbeachtet lässt, das Soziale Arbeit als Leitprofession des Sozialwesens versteht. Wir wollen dort anschließen, wo uns Weiterentwicklung möglich scheint, wo Soziale Arbeit Wichtiges und Neues beizutragen hat, wo sie durch Forschung, Methoden- und Theorieentwicklung zur Inklusion beitragen kann.

Es ist nun fast 50 Jahre her, dass Ilse Arlt ihre letzte Publikation vorgelegt hat. Im Band „Wege zu einer Fürsorgewissenschaft" resümiert sie noch einmal die Hauptlinien ihres Denkens. Sie war damals bereits über 70 Jahre alt. Es ist faszinierend, dass sie nun nicht vielleicht duldsamer geworden ist. Sie verfasst keinen altersweisen Rückblick auf ihre Tätigkeit, sondern ist streitbar wie kaum jemals zuvor.

Ihren späten Band zu lesen, bereitete und bereitet mir stets außerordentliches Vergnügen. In diesem Beitrag will ich versuchen, dieses Vergnügen verständlich zu machen. Und ich will zeigen, dass die Haltung, das Denken von Ilse Arlt nicht veraltet sind, sondern uns Orientierung beim Aufbau der Sozialarbeitswissenschaft und der Professionalisierung der Sozialen Arbeit geben können und sollen. Nicht nur eine theoretische Orientierung, sondern auch eine Orientierung der Leidenschaft.

1. Leidenschaft

Reden wir zuerst von Leidenschaft, das ist ja ein in unserer Branche nicht sehr häufig gebrauchtes Wort. Es steht unter dem Verdacht ungesunden Engagements. Vor Jahrzehnten war es ein Buch, Schmidbauers Band „Hilflose Helfer" zum sogenannten Helfersyndrom, das unglaubliche Popularität erlangte und dessen Argumentation in banalisierter Form Eingang in zahlreiche Lehrveranstaltungen und das Alltagsbewusstsein von Menschen in helfenden Berufen fand. Ich schätze die Werke und das Wirken von Wolfgang Schmidbauer sehr.

Er selbst hat klärende Worte zur Rezeption seines Buches gesprochen. Entgegen seiner Intention ist aber ein Verdachtsmoment gegen jede Art von engagierter Hilfe übrig geblieben: Ein Verdacht gegen das Engagement, das nun als pathologisch begriffen werden konnte, als Defizit der Helfenden. Noch ein Schäuferl drauf legte die Burn-out-Diskussion. Auch hier geht die Rezeption, geht das Ankommen eines Konzepts im Alltagsbewusstsein mitunter seltsame Wege. Engagiert bei der Sache zu sein, wird von manchen als Weg ins Ausbrennen verstanden. Das Distanz-Halten zu den KlientInnen, die sorgsame Trennung von Beruf und Freizeit, erscheinen als die Königswege zur psychischen Hygiene und als unerlässlich für Professionalität. Größer könnte der Irrtum kaum sein.

Ich möchte mit Ilse Arlt heute ein Plädoyer für die Leidenschaft in der Sozialen Arbeit halten. Für eine bestimmte Art von Leidenschaft, gut zusammengefasst in einem Satz aus ihrem Aufsatz „Sparsame Fürsorge", erschienen 1931: „Die Hingabe an den Hilfsgedanken und die Liebe zu allen Unglücklichen sollte stark genug sein, um uns zur Verwertung jeden Fortschritts in der Umwelt zugunsten der Bedürftigen zu vermögen." (Arlt 1931:44)

Sie schreibt in einem von Hingabe, sogar Liebe und von wissenschaftlicher Rationalität. Diese Kombination ist charakteristisch für alle ihre Schriften, und soweit ich erkennen kann, auch für ihre Tätigkeit. Ihr Grundmotiv ist die Unduldsamkeit gegenüber menschlichem Leiden, gegenüber Armut. Die Hingabe gilt der Gewissheit, dass Menschen und die Gesellschaft Ressourcen einsetzen, um Not zu lindern. Zur angemessenen Bewältigung dieser Aufgabe ist Wissenschaft einzusetzen. Und das bringt das rationale Element in ihre Leidenschaft. Wissenschaft betreibt sie mit Hingabe, weil sie ihr Grundmotiv nicht verrät. Die Liebe zu den Unglücklichen ist keineswegs genug, aber sie ist eine Vorbedingung für Professionalität und wirksame Hilfe.

Und ich möchte ergänzen: Die Liebe zu den Unglücklichen ist keine selbstlose Liebe, es ist die Liebe zu mir selbst als Mensch. In den Unglücklichen sehe ich Mit-Menschen, Angehörige derselben Spezies. In ihnen erkenne ich das menschliche Schicksal, damit auch potenziell mein Schicksal. Will ich mich selbst als Mensch wahrnehmen und lieben können, ist diese Liebe zu den anderen Voraussetzung. Eine andere Große der Sozialen Arbeit in Österreich, Maria Loley, hat das als Mitmenschlichkeit bezeichnet (Ertl 1996).

Von den Texten Ilse Arlts kann man die Leidenschaft lernen. Man kann lernen, welche Formen die Leidenschaft annehmen kann und muss.

Da ist einmal die Überzeugung, dass die Beseitigung von Not möglich ist. Da ist die Überzeugung, dass für die Beseitigung von Not gesellschaftliche und persönliche Ressourcen einzusetzen sind, dass sie dafür immer eingesetzt wurden und auch in Zukunft werden. Da ist allerdings auch das Wissen, dass diese Ressourcen begrenzt sind. Dass der richtige Einsatz auf alle Mittel der Wissenschaft zurückgreifen muss. Dass richtige Hilfe Wissenschaft erfordert, und dass Sparsamkeit geübt werden soll, um die Bedürfnisse von mehr Menschen zu befriedigen. Ilse Arlt bringt beide Pole zusammen: volkswirtschaftliches Denken und das, was wir Individualisierung nennen.

Aber damit bin ich bereits bei ihrem theoretischen Denken, das nie nur deskriptiv ist, sondern wertend: Was nützt, was schadet, wie muss Hilfe organisiert sein, wie haben sich die helfenden Berufe und die Fürsorge als das System der Hilfe ihrem Gegenstand zu nähern. Ein Stück Polemik ist in ihren Schriften. Leidenschaft eben. Und zwar eine Leidenschaft, die auf Denken angewiesen ist, die das Denken beflügelt, weil sie gespickt ist mit selbstkritischer Skepsis. Ihr Pathos ist ein aufgeklärter und kritischer, kein moralisierender.

2. Welche Wissenschaft?

Wenn wir im Geiste von Ilse Arlt Wissenschaft betreiben wollen, wie kann und soll dann unsere sozialarbeitswissenschaftliche Forschung und Theoriebildung aussehen?

Ist es eine brave Auftragsforschung, die AuftraggeberInnen nicht verärgert, um sich die Chance auf Folgeaufträge nicht zu verderben? Forschung um der Forschung Willen? Das wohl nicht. Obwohl die Versuchung gegeben ist: Wir müssen Drittmittel einwerben, um unsere Infrastruktur wenigstens teilweise finanzieren zu können. Auf dieser Basis kann der Opportunismus wachsen.

Wäre es die Produktion von Texten voll moralisierender und selbstgerechter Empörung? Diese Art von Kritik, die genau zu wissen glaubt, wo der Feind steht? Heute wäre das der billige und nicht unbeliebte Gestus, der alles Elend der Welt dem unscharf skizzierten „Neoliberalismus" oder der Globalisierung zuschreibt.

Aber es findet sich noch eine andere Variante vermeintlicher Verwissenschaftlichung. Diese Variante ist eng mit dem verbunden, was unsere britischen KollegInnen „Managerialism" nennen. Der Managerialismus ist ein Weltbild, geboren aus den schlagwortreichen Handbüchern der Betriebswirtschaftslehre.

Ich muss hier etwas ausholen. Dieser Tage habe ich einen Text über das US-amerikanische Engagement im Irak gelesen (vgl. Engelhardt 2007:14). In ihm wurde auch an einen Aspekt des Vietnam-Kriegs erinnert. Bekanntlich war der Vietnam-Krieg in den 1960er- und 1970er-Jahren ein lange dauernder Krieg, der für die USA keineswegs so lief, wie sich das die Generäle und die politische Führung vorgestellt hatten.

Zu einem bestimmten Zeitpunkt begann der Generalstab, täglich Erfolgs-zahlen zu verlautbaren. Wie viele Feinde wurden getötet, wie viele amerikan-nische Soldaten waren umgekommen. Die Zahlen waren stets eindrucksvoll in ihrem Missverhältnis. 100 getöteten Feinden stand eine einstellige Zahl von ge-töteten Boys der US-Army gegenüber.

Für unseren Zusammenhang noch interessanter: Die USA begannen, den Krieg zu evaluieren. Das „Hamlet Evaluation System" beispielsweise enthielt 18 Indizes, mit denen der Fortschritt bei der sogenannten Befriedung der Dörfer Südvietnams gemessen werden sollte.

Wie wir alle wissen, endete dieser Krieg mit einer Niederlage der Vereinigten Staaten. Als sie begannen, mit Hilfe von Wissenschaftern den Krieg zu „evalu-ieren", zeichnete sich diese Niederlage bereits ab. Die Evaluationen, die einen ansonsten schwer sichtbaren so genannten Fortschritt in der Kriegsführung nachweisen sollten, konnten daran nichts ändern, ja eigentlich logen sie. Sie tru-gen dazu bei, dass sich die Führung selbst belügen konnte.

Wenn wir heute die Lage im Irak betrachten, erkennen wir die gleichen Muster. „Body count" nennt man das Zählen von Toten. Mit dem Zählen von Toten wollen die USA derzeit nachweisen, dass sich die Sicherheitslage im Irak verbessere. Gleichzeitig brechen die militärischen und politischen Kalküle zusammen.

Aber was uns hier zu interessieren hat, ist nicht die Niederlage der USA. Die ist zumindest heute kein Grund, zu jubeln. Und es besteht auch kein Anlass, sich als Europäerin oder Europäer für moralisch oder kulturell höherwertiger als die USA und ihre BürgerInnen zu fühlen.

Was an dieser Geschichte interessiert, ist die Dürftigkeit einer Wissenschaft, die vermeint, sich aufs Zählen beschränken zu können. Die Evaluatoren des Vietnam-Einsatzes versuchten nicht zu verstehen, was im Lande vorgeht. Das Body-Counting im Irak funktioniert ebenso. Es erscheint allen, die sehen kön-nen, zunehmend absurd, und das zu Recht.

Was hat Kriegspropaganda mit Sozialarbeitswissenschaft zu tun? Der Managerialismus im Sozialwesen versucht mit ähnlichen Mitteln, gesellschaft-liche Komplexität in den Griff zu bekommen. Das Desaster der USA und ihrer Verbündeten im Irak gründet auf der Ignoranz gegenüber der vorfindlichen Komplexität der irakischen Gesellschaft. Der Managerialismus versucht mithilfe einer ausgefeilten Steuerung der Organisation diese im Wettbewerb besser zu positionieren.

Im günstigsten Fall funktioniert dann die Organisation reibungslos, und die Mission scheitert. Wissenschaftsförmige Aktivitäten wie Evaluationen, Statistik, Befragungen, so genanntes Benchmarking helfen dabei. Im ungünstigen Fall verliert auch die Organisation ihr Engagement, ihre Seele. Wir kennen einige traurige Beispiele dafür.

Ich habe zuerst brave Auftragsforschung, dann moralisierende Kritik als unproduktive Wege, Wissenschaft zu betreiben, genannt. Als dritte Variante kommt nun die managerialistische Variante dazu, die sich auf die Organisation selbst konzentriert und nicht mehr versucht, das Feld zu verstehen, in dem gearbeitet wird.

Schauen wir uns an, wie Ilse Arlt Fürsorgewissenschaft versteht, vielleicht können wir davon lernen. Ihre „Wege zur Fürsorgewissenschaft" beginnt sie mit einem ausführlichen Kapitel zu dem, was sie „Gesetzmäßigkeiten des Helfens" nennt. Hier erläutert sie die Eigenart des Gegenstandes der Fürsorgewissenschaft. Ich werde ihrer Aufzählung folgen und sie jeweils kommentieren.

1. Jede, auch die beste Einrichtung bewirkt zwangsläufig unerwünschte Nebenwirkungen.

Ich liebe diesen Satz, er fordert uns auf, nicht nur auf das Erwünschte zu blicken, sondern auch auf das Unerwünschte. Viele Kolleginnen und Kollegen aus der Lehre kennen die zahlreichen Seminar- und Diplomarbeiten, Kollegen/innen aus der Praxis kennen die eindimensionalen Gutachten und Jahresberichte, die wie Propagandaschriften für eine Einrichtung, eine geplante Maßnahme wirken. So als gebe es nur Gutes daran, keine Risiken und keine möglichen oder wahrscheinlichen Nebenwirkungen. Solche Texte werden von manchen für besonders überzeugend gehalten. Sie sind es nicht, sie sind Zeichen für ein vorwissenschaftliches Verständnis der Sozialen Arbeit, für Dilettantismus. Was heißt das für unsere Forschungen, für unsere Theoriebildung? Der Blick auf das Unerwünschte, das Misslingende, die Nebenwirkungen muss zum selbstverständlichen Gestus werden. Aus den Misserfolgen kann man lernen, die Nebenwirkungen machen uns klüger. Dilettantismus überwinden, das heißt, den kritischen Blick auf sich selbst zu richten, sich selbst nicht zu trauen. Ich will Arlts Satz noch einmal zuspitzen: Wir müssen die besten Kritiker der Sozialen Arbeit werden, wenn wir ihre besten Propagandisten werden wollen.

2. Meist ist die Zahl derer bekannt, denen geholfen wurde, nicht die der Übrigbleibenden.

Noch so ein Satz für die Erweiterung des Blicks. Ilse Arlt versteht die Hilfstätigkeit, die Fürsorge, als eine gesellschaftliche Aufgabe, wenn man so will mit Dirk Baecker (1995) als Funktionssystem in unserer Gesellschaft. Für eine Beurteilung ihrer Leistungen reicht also nicht der Blick auf jene KlientInnen, die in den Genuss von Unterstützung gekommen sind. Es ist stets der Bezug zur Gesamtheit jener herzustellen, die der Hilfe bedürfen. Wir haben das z.b. bei der Evaluation von Suchtberatungseinrichtungen gemacht. Den Erfolgsberichten haben wir gegenübergestellt, wie viele potenzielle KlientInnen es im Zuständigkeitsbereich der Beratungseinrichtung gibt, und haben das zur Beurteilung der Wirksamkeit der Einrichtungen herangezogen. Das rief nicht nur Jubel hervor. Aber wir halten es für eine entscheidende Frage, ob eine Einrichtung ihre Zielgruppe überhaupt in nennenswertem Ausmaß erreicht.

Auch bei Case Management, verstanden als Systemmanagement, geht der Blick zuerst auf die Gesamtpopulation jener, die der Hilfe bedürfen.

Ilse Arlts erster Satz von den unerwünschten Nebenwirkungen zielte darauf, sich auch auf das zu konzentrieren, was man nicht gerne sieht. Dieser zweite Satz verlangt, das vorerst Unsichtbare sichtbar zu machen.

3. Die Durchführung an sich guter Einrichtungen ist oft fehlerhaft oder mangelhaft. Immer fehlt die Leistungsbilanz, immer die Gesamtschau für jedes Individuum.

Die Beispiele, die Ilse Arlt dafür anführt, sind Beispiele der Missachtung des Lebenszusammenhangs der KlientInnen. Und das ist auch der immer noch gültige Kern ihrer Kritik: Es ist das Leben der KlientInnen, und da jedes und jeder einzelnen, an dem die Hilfe zu messen ist.

In der Wissenschaft handeln wir uns Probleme ein, wenn wir das ernst nehmen. Die Lebensgeschichten der KlientInnen sind nicht so leicht zugänglich wie die Daten der Einrichtungen, und sie sind besonders schwer auszuwerten. Wir haben begonnen, eine Datenbank mit Fallgeschichten anzulegen, aber das ist noch zu wenig. Systematische Fallstudien zu betreiben ist aufwändig und will finanziert werden. Von der Notwendigkeit, solche Studien zu betreiben, sind wir überzeugt.

„Wann wird der Mensch, der in seinen Notwendigkeiten und individuellen Möglichkeiten genau erkannte einzelne Mensch, im Mittelpunkt der Betrachtung stehen, und nicht das Gefüge der Fürsorge?" (Arlt 1958:17)

4. „Mangels eines anerkannten geistigen Forums können sich Fehlmeinungen jahrzehntelang breitmachen, ohne widerlegt zu werden, oder Gesetze werden erlassen, deren Überprüfung nicht erst durch die Wirklichkeit hätte erfolgen sollen, sondern durch planmäßiges Studium." (Arlt 1958:23)

52

Das „anerkannte geistige Forum" fehlt immer noch. Sozialarbeit ist eine institutionsgebundene Profession. Ihr fehlt eine Organisationsform, die Standards formulieren und durchsetzen könnte. Der Grad der Standardisierung ist beschämend gering. Zentrale Arbeitsformen der Sozialarbeit werden von verschiedenen Autoren/innen verschieden benannt. Diagnostische Leistungen können nicht auf Basis anerkannter Standards erbracht werden, weil es die Standards nicht gibt. Der internationale Vergleich ist aufgrund nicht nur unterschiedlicher Rechtssysteme, sondern auch aufgrund unterschiedlicher Begrifflichkeiten schwierig.

So ist es kein Wunder, dass Standardisierungen für die Sozialarbeit von außen kommen, zum Beispiel von der Medizin. Die Klassifikationssysteme ICD10 und vor allem ICF umfassen zunehmend auch soziale Fakten und Belastungen, deren Formulierung eigentlich von der Sozialen Arbeit hätte kommen müssen, wenn sie ein „anerkanntes geistiges Forum" hätte, und das müsste international sein.

Noch ist hier keine Lösung in Sicht. Aber wir werden weiterhin weit unter unseren Möglichkeiten bleiben, wenn wir keine Lösung anstreben.

Volkspflege, wie es Ilse Arlt genannt hat, Soziale Arbeit, wie wir es heute nennen, ist eine Profession und eine Wissenschaft, die das System der gesellschaftlichen Hilfe zum Gegenstand hat. Über die professionellen Standards können nicht die Trägerorganisationen der Sozialen Arbeit entscheiden. Wenn wir sie das tun lassen, dann geben wir den Anspruch auf eine wissenschaftliche professionelle Praxis auf. So wie jede Sozialarbeiterin, jeder Sozialarbeiter in seiner/ihrer Fachlichkeit dem Ethos der Profession verpflichtet ist, so wird die Festlegung und Weiterentwicklung von Standards fachgerechten Helfens die Aufgabe eines „anerkannten geistigen Forums" sein müssen.

Noch eine Anmerkung dazu: Im deutschen Sprachraum steht es darum besonders schlecht. Anhaltender Widerstand gegen jede Form von Standards kommt von einer vorwiegend auf den deutschen Universitäten verankerten geisteswissenschaftlich orientierten Sozialpädagogik, die Versuche in Richtung Standardisierung, Finden einer gemeinsamen Sprache mit bitterem Spott und Abwertung überzieht und torpediert. Es ist jene noch machtvolle Schule, die es auch für lächerlich hält, von der Sozialarbeitswissenschaft als Disziplin zu sprechen und die beachtlich viel Energie im Kampf gegen diese angebliche Lächerlichkeit aufwendet. Ich denke, inzwischen brauchen wir diese Auseinandersetzung nicht mehr zu führen. Es ist besser, die Energien in den Aufbau dessen zu stecken, was Ilse Arlt bereits als möglich und notwendig erkannt hat.

Wir verlassen nun Ilse Arlts „Gesetzmäßigkeiten des Helfens" und widmen uns freudigerem, genau gesagt, der Lebensfreude.

„Lebensfreude – dies ist eines der Kernstücke der Hilfe, ist das Kriterium, die unumstößliche Zielsetzung statt des bloßen Leidenlinderns. Das zweite Kernstück heißt Gegenleistung, nicht im Sinne einer Bezahlung, sondern in der Kunst, der Demütigung vorzubeugen, indem man den Befürsorgten seinerseits irgendwie helfen lässt." (Arlt 1958: 38)

Jetzt habe ich gerade gegen die Pädagogen/innen polemisiert, und dann kommt mit der Lebensfreude ein Begriff ins Spiel, der in der Pädagogik vielleicht eher zu Hause ist als in anderen Wissenschaften.

Mit diesem irritierenden ersten Satz müssen wir erst einmal fertig werden. Was er für die praktische Sozialarbeit heißt, das ist relativ leicht auszubuchstabieren, und die Kolleginnen und Kollegen aus der Praxis wird dieser Satz wahrscheinlich auch weniger beunruhigen.

Aber was kann Lebensfreude für die Wissenschaft heißen? Auch in den staatlichen Sozialprogrammen und Gesetzen wird von Lebensfreude selten die Rede sein.

Arlt schreibt hier von einem Kriterium, nach dem soziale Praxis beurteilt werden kann. Lebensfreude zu ermöglichen, zuzugestehen, das ist die Absage an alle Vorstellungen, die Hilfsbedürftigen müssten demütig sein, müssten Kooperation beweisen und müssten sich an die Vorstellungen der Institution anpassen. Lebensfreude, das heißt einen vollen Anspruch auf Leben.

Ich gehe noch einen Schritt weiter. Lebensfreude scheint mir auch eine Voraussetzung für das Betreiben von guter Sozialarbeitswissenschaft zu sein. Ohne sie fehlt der Maßstab, fehlt das emotionale Wissen über die Möglichkeiten des Lebens, fehlt das Verständnis für die Umwege zur Freude unter schwierigen und dürftigen Bedingungen. Sozialarbeitswissenschaft benötigt die Freude am Leben in seinen verschiedenen Erscheinungsformen. Erst diese Freude ermöglicht es, anderen diese Freude auch zuzugestehen und im Fall das Potenzial eines ganzen Lebens zu erkennen.

Wir brauchen das, nicht nur im Front-Line Social Work, sondern auch in der Forschung. Wir haben in den letzten beiden Jahren in einem Forschungsprojekt Fremdunterbringungsfälle untersucht, und ich erinnere mich an die Interpretationssitzungen. Das waren teils fröhliche Sitzungen, teils recht emotionale, bei denen man auch schon einmal empört war, wenn man auf Ignoranz von professionellen Akteuren/innen gegenüber den Lebensäußerungen der Betroffenen gestoßen ist. Beim einen oder anderen Fall fanden wir eine amtliche, eine Herrschafts-Sprache, fanden Unverständnis wichtiger und qualifizierter Profis gegenüber den Versuchen der KlientInnen, ihr Leben zu beeinflussen und zu genießen. Unsere Befremdung und Empörung, unsere Solidarität mit dem Lebenswillen der KlientInnen, waren kein Hindernis bei der Deutung der Fälle. Sie motivierten uns im Gegenteil zur genauen Analyse. Das Beachten der Lebens-

54

aktivität der KlientInnen, dessen was sie tun, wie sie tun, wie sie mit der Organisation tun und mit ihrem eigenen Leben, das ist das Mittel zur Analyse der Organisation. Anders gesagt: Wenn wir das Funktionieren der Hilfe verstehen wollen, müssen wir auf die KlientInnen schauen, nicht auf die Hilfe.

Die Wissenschaft der Sozialen Arbeit ist keine technokratische Wissenschaft. Sie braucht eine Basis von Lebensfreude bei denen, die sie betreiben, und sie braucht die Freude an der Lebensfreude der KlientInnen der Sozialen Arbeit, auch und gerade wenn sie sich nur in Ansätzen zeigt, auch und gerade wenn sie gerade den Profis die Arbeit zu erschweren scheint.

Nun fehlt noch die Interpretation des zweiten Teils dieses Zitats: die Gegenleistung der KlientInnen als Mittel, um Hilfe nicht zur Demütigung verkommen zu lassen.

Demütigung wird hier als Möglichkeit vorausgesetzt. Demütigung durch Hilfe. Die Demütigung wird sogar als so wahrscheinlich angesehen, dass eine Vorkehrung dagegen eines von beiden Kernstücken der Hilfe sein soll.

Demütigung ist im Sozialwesen weit verbreitet. Die Demütigung, überhaupt auf das Sozialwesen angewiesen zu sein, bildet die Basis. Demütigende Inszenierungen des Wartens, des von einer Stelle zur anderen geschickt Werdens, der peinlichen Befragung. Und viele andere beabsichtigte und unbeabsichtigte Demütigungen.

Wir sind inzwischen gewohnt, KlientInnen zuzugestehen, dass sie sich selbst helfen dürfen und können. Das geht manchmal bis zur Verweigerung der Unterstützung, wenn man sie für „nicht motiviert" hält, ein grauenhafter Ausdruck, eine Herrschaftsstrategie. Aber im Grunde wird den KlientInnen zugetraut, dass die entscheidenden Aktivitäten von ihnen kommen können und auch müssen, und wir wissen, dass wir all unsere Kunst aufwenden müssen, um sie in die AkteurInnen-Position zu bringen.

Arlt geht hier einen Schritt weiter. Sie sieht die Menschen nicht nur als „ihres eigenen Glückes Schmied". Im Zeitalter der fortgeschrittenen Individualisierung ist zwar dieser Satz abgekommen, nicht aber die dahinter stehende Haltung. Arlt erkennt die KlientInnen auch als Menschen, die ihre Selbstachtung dadurch gewinnen, dass sie Beiträge für andere leisten können. Die Gabe bedarf der Gegengabe, um nicht demütigend zu sein. Den KlientInnen Möglichkeit zur Gegengabe einzuräumen, diese Gegengaben auch anzunehmen oder dritten zugute kommen zu lassen. Erst dadurch wird das vollendet, was wir Respekt nennen.

Vorerst ist das eine methodische Anweisung, und als solche ist sie schon anspruchsvoll, erweitert den Blick. Wie ist sie in die Wissenschaft integrierbar?

Wiederum dadurch, dass damit ein Kriterium der Beurteilung benannt ist. Hilfsprogramme, die KlientInnen nicht auch als Gebende vorsehen und vorkommen lassen, sind demnach tendenziell demütigend. Im weiten Begriff von der Sozialraumorientierung, wie wir ihn verwenden, werden die Klienten/innen in ihrer Einbindung in ihre soziale Umwelt in den Blick genommen. Die Klienten/innen als PartnerInnen in sozialen Austauschbeziehungen, als Gebende und Nehmende, als MitgesellschafterInnen in dieser Gesellschaft, die sich ihnen über die Beziehungen in ihrer Lebenswelt erschließt.

Sozialarbeitswissenschaft kann so gesehen nie nur eine Wissenschaft von Defiziten und deren Behebung sein, sondern ist auch eine Wissenschaft von den Beiträgen der Armen, Verletzlichen und Unterdrückten zur Gesellschaft, eine Wissenschaft von der Ermöglichung dieser Beiträge. (diese Trias findet sich in der Präambel zum Code of Ethics der NASW der USA: people who are vulnerable, oppressed, and living in poverty).

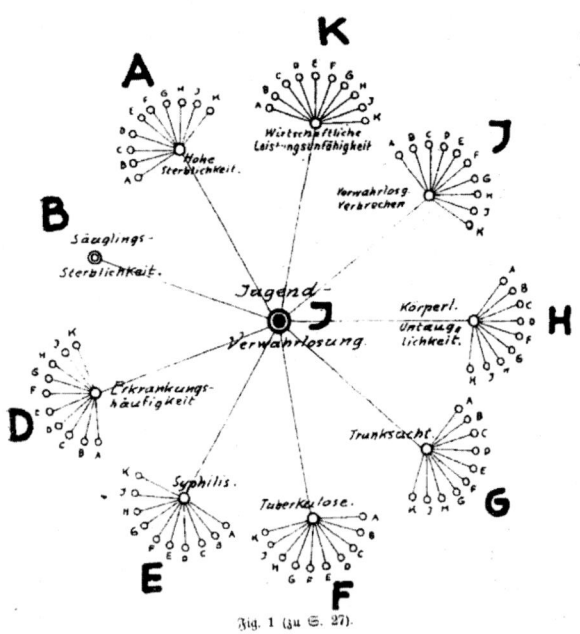

Abbildung 1: "Elendsformen"

Ein letztes Mal geht es nun um unsere Wissenschaft.

In ihrem Buch „Grundlagen der Fürsorge", entstanden 1921, schreibt Arlt von der „Unzulänglichkeit der Hilfe nach der Notform" (da die „Elendsform einmal Wirkung, ein andermal Ursache sein kann") (27) „von jeder Elendform zweigen nahezu alle anderen Elendsformen ab" (ebd.). Die Abbildung 1, die sich als Illustration in dieser Schrift findet, veranschaulicht dieses Verständnis. Aus der einen Not kann eine andere resultieren, aus dieser wiederum eine andere. Die Hilfe, die nur nach der Notform organisiert ist, ist daher zwangsläufig immer wieder unangemessen. Armut, Hilfsbedürftigkeit ist kein Zustand, sondern ein Prozess, schreibt sie mehrfach an anderen Stellen ihres Werks. Die Situation der KlientIn erschließt sich erst aus ihrer Geschichte.

Die Spezialisierung der Hilfen, die Einschränkung der Zuständigkeit von Einrichtungen auf je eine „Notform" ist den KlientInnen unangemessen. Arlt zieht daraus nicht den Schluss, die spezialisierten Hilfen aufzugeben, sie empfiehlt ihre qualifizierten Volkspflegerinnen als jene Profis, die den Gesamtblick auf die Person in ihrer Situation herstellen können. Wir finden diesen Gedanken in den guten Formen des modernen Case Management wieder.

Für die Sozialarbeitswissenschaft heißt das wiederum, dass der Blick auf die wirklichen Lebenssituationen der KlientInnen, auf das Werden dieser Situationen, unverzichtbar ist.

Arlts Schriften sind ein großes Plädoyer für den Blick auf die gesellschaftliche Situation, die Wirtschaft, als Voraussetzung des Lebens, des Wohlergehens und der Not; für den Blick auf die einzelnen Menschen, in deren Lebenssituation sich die gesellschaftliche Situation konkretisiert, und auf die Einrichtungen des Sozialwesens, die sich in diesem Spannungsfeld bewegen, es für die Individuen unterstützend gestalten sollen. Ein anspruchsvolles Programm.

Ihr Weg, dieses Programm zu erfüllen, ist der, die Institutionen am Anspruch wirkungsvoller Hilfe zu messen. Wirkungsvolle Hilfe ist für sie immer individualisierte Hilfe. Nein, das stimmt so nicht ganz: Liest man Arlt genau, so meint sie, dass Hilfe vorerst als schematische Hilfe wirkungsvoll sein kann, aber nur bis zu einem bestimmten Grad. Zahlreiche potenzielle KlientInnen erreicht die schematische Hilfe nicht, für jene muss es individualisierte Hilfe geben. Ihr Interesse gilt den Grenzen der schematischen und den Möglichkeiten der individualisierten Hilfe. Wir könnten für uns als Hypothese formulieren: Sozialarbeit beginnt dort, wo die schematische Hilfe aufhört, wirksam zu sein. Und Sozialarbeitswissenschaft ist eine Wissenschaft von den Grenzen der schematischen und den Potenzialen der individualisierten Hilfe.

Sozialarbeit wird dort ärgerlich, wo sie nicht mehr individualisiert, sondern selbst schematisch ist.

Damit wären wir beim abschließenden Thema, beim Kerngeschäft der Studiengänge Soziale Arbeit, bei der Lehre.

3. Die Bildung von SozialarbeiterInnen

„Wie bei allen Wissenschaften, die sich mit den Dingen des Alltags befassen, ist auch bei den gesellschaftlichen der ärgste Feind nicht gänzliche Unkenntnis, sondern die Gesamtheit von Fehlmeinungen, welche die 'landläufige Auffassung' ergeben." (Arlt 1921:21f)

Ilse Arlts tiefe Überzeugung galt einer wissenschaftlich orientierten Ausbildung der Volkspflegerinnen. Wissenschaftlich orientiert hieß für sie, dass die Studierenden selbst die wissenschaftliche Herangehensweise zu erlernen hatten. Nicht, weil sie eine Forschungskarriere einschlagen sollten, sondern weil sie das für die tägliche Arbeit mit den hilfsbedürftigen Individuen brauchten.

Der ärgste Feind ist nicht die gänzliche Unkenntnis, sondern sind die Fehlmeinungen, ist die falsche Gewissheit. Falsche Gewissheit kommt für Ilse Arlt aus einem Mangel an Fantasie. Sie beschreibt eine Übung zum Training der Fantasie: Die lapidare Meldung, dass ein Junge von einer Straßenbahn überfahren worden sei, wird den Studierenden vorgelesen. Sie sollten dann so viele Erkl- ngen wie möglich für diesen Unfall finden. Am Anfang sei das nur sc..le pend vorangegangen, nach einiger Zeit seien die Studierenden mutiger im Gebrauch ihrer Fantasie geworden, und schließlich sei man auf 200 Möglichkeiten gekommen, wie es zu diesem Unfall kommen hätte können.

Zum einen ist die Geduld zu bewundern, die Ilse Arlt hier offensichtlich aufgebracht hat. Zum anderen ist für alle, die Soziale Arbeit lehren, dieses Beispiel selbst lehrreich. Tatsächlich kennen wir alle das Problem. Studierende kommen selbst meist aus recht wohlbehüteten Verhältnissen. Bei der Interpretation von Fallsituationen scheint ihnen schlicht das Vorstellungsvermögen zu fehlen, was denn da alles vorgefallen, alles vorangegangen sein könnte. Der Mangel an Fantasie hat dann die Dürftigkeit der Interpretation zur Folge. Zu nahe liegen einfachste schematische Erklärungen. Deshalb empfiehlt Ilse Arlt das Training der Fantasie.

Ein weiteres Element ihrer Auffassung von Bildung zur Sozialarbeit ist das Würdigen von Fakten. Sie ermutigte ihre Studentinnen, Fakten über das Leben, die Haushaltsführung, die Organisation von Hilfseinrichtungen zu sammeln.

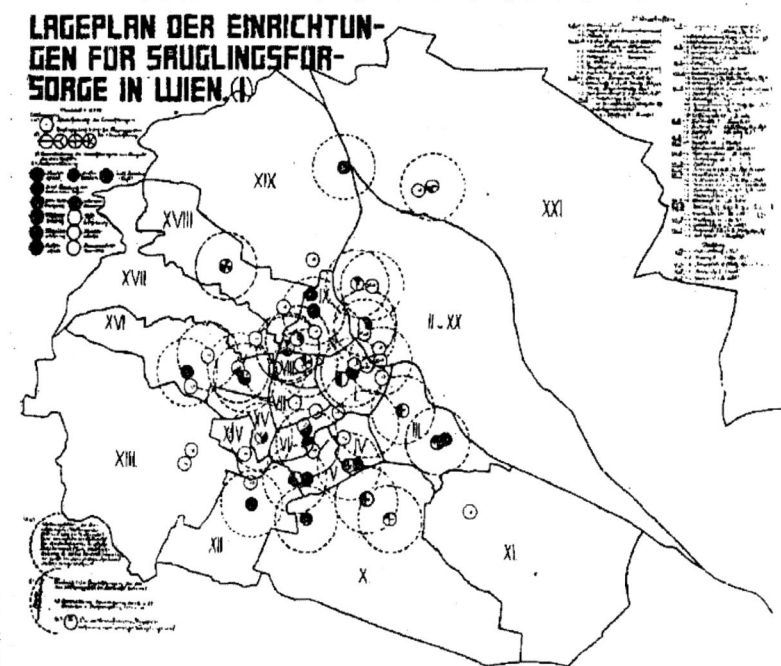

1. Lageplan der Einrichtungen für Säuglingsfürsorge in Wien.

Abbildung 2: Säuglingsfürsorgestellen in Wien

Als Beispiel sehen Sie hier eine Karte der Säuglingsfürsorgeeinrichtungen in Wien (Abbildung 2), sorgfältig ausgeführt, mit dem Kreis, der die Entfernung markiert, von der aus sie fußläufig zu erreichen sind. Die Grafik entstammt der Seminararbeit einer Studentin der Kurse für Volkspflege.

Wir versuchen in unseren Studiengängen, an diesem Blick der Studierenden zu arbeiten. Wir kämpfen darum, dass sie sich in der Beurteilung des Falles an Fakten orientieren, dass sie eine forschende Herangchensweise lernen.

Wie Ilse Arlt halten wir den kritischen Blick auf die Wirkungen und die Wirksamkeit der sozialen Interventionen für unentbehrlich, ebenso wie den kritischen Blick auf sich selbst, die eigenen Meinungen und die eigenen schnellen Urteile.

Eine Kultur des Lernens und Wissens, der Kritik und des Kritisiertwerdens, das wäre ein Abschied aus einer vordergründigen forderungsarmen Wohlfühlkultur, wie sie manche Akademien für Sozialarbeit gekennzeichnet hat. Ein schwieriger Weg, wie jeder Kulturwandel. Wir versuchen ihn mit Leidenschaft zu gehen, und wissen uns dabei in der Tradition des Denkens von Ilse Arlt.

„Sobald wissenschaftlich gearbeitet wird, ergibt sich das Entscheidende, dass man ein Nichtwissen oder Misserfolge zugeben darf. Der Dilettant aber, der Kurpfuscher, der unvorbereitete Laie steht und fällt mit der Unabänderlichkeit seiner Behauptungen. Zweifel kommen ihm selten, weil er sein Beobachtungsfeld künstlich eingeengt hat. Er macht im guten Glauben nur die Beobachtungen, die in sein Bild passen." (Arlt 1958:53)

Literatur

Arlt, Ilse (1921): Die Grundlagen der Fürsorge. Wien.

Arlt, Ilse (1925): Armutsforschung. In: Deutsche Zeitschrift für Wohlfahrtspflege, 1. Jgg., Nr.4 (Juli). Berlin. S. 145-153.

Arlt, Ilse (1925): Der Einzelhaushalt. In: Bunzel, Julius (Hg.): Geldentwertung und Stabilisierung in ihren Einflüssen auf die soziale Entwicklung in Österreich. Schriften des Vereins für Sozialpolitik, 169. Band. München / Leipzig. S. 161-177.

Arlt, Ilse (1926): Das Beobachten sozialer Tatsachen. In: Deutsche Zeitschrift für Wohlfahrtspflege, 2.Jgg., Nr. 4 (Juli). Berlin. S. 169-173.

Arlt, Ilse (1931): Sparsame Fürsorge. In: Soziale Arbeit 1-3 (28). Wien / Leipzig. S. 38-44.

Arlt, Ilse (1933): Armutskunde. 3. Vorlesung im Seminar der Gesundheitsfürsorge. In: Fortschritte der Gesundheitsfürsorge. Monatsschrift der Deutschen Gesundheitsfürsorgeschule, 7. Jgg., Nr. 3 (März). Berlin. S. 65-73.

Arlt, Ilse (1958): Wege zu einer Fürsorgewissenschaft. Wien.
Baecker, Dirk (1994): Soziale Hilfe als Funktionssystem der Gesellschaft. In: Zeitschrift für Soziologie: Heft 2. Stuttgart. S. 93-110.

Engelhardt, Tom (2007): Sieben Jahre Hölle. Über das Leichenzählen, Todeszonen und ein Reich der Dummheit. In: Lettre International, Herbst 2007. S. 14-17.

Ertl, Josef (1996): Maria Loley über Mitmenschlichkeit. St.Pölten.

Schmidbauer, Wolfgang (1992): Hilflose Helfer. Über die seelische Problematik der helfenden Berufe. In: überarbeitete Neuauflage. Reinbek.

Soziale Arbeit im Dienste der Ermöglichung substanzieller / materieller Bedingungen von Freiheit und Wohlleben

Maria Maiss

„Der Kulturzustand eines Landes wird nicht nur durch seine Höchstleistungen bestimmt, sondern durch seine Grenznot, d.i. die tiefste geduldete Entbehrung." (Arlt 1958: 80)

1. Der Fokus auf die menschlichen Grundbedürfnisse und zentralen Funktionsfähigkeiten

Der Dreh- und Angelpunkt von Ilse Arlts Bemühungen, zentrale Grundlagen für eine eigenständige Fürsorgewissenschaft aufzuweisen, besteht in der Erforschung des Phänomens Armut – ein Phänomen, das mit den deskriptiven Methoden der Nationalökonomie zu Beginn des 20. Jahrhunderts, wie Arlt kritisierte, nicht tief genug erfasst werden konnte. Armut, so ihr Einwand, lasse sich nicht hinreichend durch äußerer Beobachtung entstammende Beschreibungen des Lebensstils so genannter armer Menschen erforschen. Damit würden nämlich die zahlreichen tiefer liegenden internen und externen Ursachen, welche Einfluss haben auf die Prozesse des Verarmens, des in die Armut gedrängt Werdens, des in Armut gehalten Werdens und des sich mit Mangelverhältnissen Arrangierens, nicht erfasst werden. Folglich könnten aus diesen häufig monokausalen und von schichtspezifischen Interpretationsmustern beeinflussten Beschreibungen auch keine aussagekräftigen Schlussfolgerungen für armutsverringernde sozialpolitische Entscheidungen oder nachhaltig wirksame und ökonomisch effiziente sozialarbeiterische Interventionen gezogen werden, – womit die Relevanz dieser Forschung für die von Armut Betroffenen nicht gegeben sei. Diese sozialpolitische und gesellschaftsverändernde Relevanz verlangt Arlt der Armutsforschung jedoch ab.

Sie antwortet auf das von ihr geortete Manko mit zwei grundlegenden epistemologischen Weichenstellungen:

1. Sie richtet ihr forschungsleitendes Interesse nicht allein auf das Phänomen Armut, sondern auf das Verhältnis von Armut und Gedeihen. Damit betont sie, dass Armut keine festgemachte Tatsache,

kein schicksalhafter Zustand ist, sondern eine prozessuale und multikausal bedingte Mangelbefindlichkeit, die in unterschiedlicher Weise von einem hinreichenden Niveau des menschlichen Wohllebens oder Gedeihens abweicht. Da Armut eine Negation ausdrücke, könne sie nicht Ausgangspunkt für eine positive Arbeit, wie sie die Wohlfahrtspflege darstelle, sein. In dieser gelte es vielmehr, vordergründig das Positive, d.h. das menschliche Gedeihen ins Auge zu fassen. In diesem Sinne dürfe sich die Wohlfahrtspflege nicht auf die Linderung von Leiden beschränken, sondern habe der Förderung der Lebensfreude zu dienen. (vgl. Arlt 1958: 38)

2. Die mit der ersten verbundene zweite Weichenstellung besteht darin, dass Arlt der Armutsforschung abverlangt, bei der Ergründung der basalen menschlichen Bedürfnisse oder Gedeihenserfordernisse zu beginnen. Diese seien u.a. aus den beobachtbaren und messbaren Gedeihensmängeln zu erschließen. (vgl. Arlt 1958: 60) Arlt wählt damit eine anthropologische Perspektive, die nach den gemeinsamen Merkmalen und Grundvoraussetzungen der menschlichen Lebensweise fragt. Diese Weichenstellung ist insofern wichtig, als lediglich aus plausiblen gemeinsamen Grundvoraussetzungen für ein menschengerechtes Leben oder Gedeihen allgemeine menschliche Ansprüche und Rechte hinsichtlich der Befriedigung der naturgegebenen Bedürfnisse abgeleitet werden können. Diese gemeinsamen Grundbedürfnisse stellen die Menschen trotz ihrer natürlichen und soziokulturell bedingten Unterschiedlichkeiten und Besonderheiten in eine Schicksalsgemeinschaft. In dieser liegt es an uns, die wir notwendig auf Austauschverhältnisse mit der Mit- und Umwelt angewiesen sind und uns als Mitglieder einer Gemeinschaft, Gesellschaft, Nation oder der globalen Menschengemeinschaft insgesamt verorten können, das, was wir für unser Gedeihen-Können mit guten Gründen als unabdingbar beanspruchen, auch allen anderen Menschen zuzusprechen und zu gewähren.

Im Zentrum von Arlts Überlegungen steht die Frage, wie sich die Phänomene Armut und Gedeihen (auf der Mikro- und Makroebene) zueinander verhalten und wie dieses Verhältnis durch die Kunst einer ökonomischen Lebensführung und Bedürfnisbefriedigung gestalterisch beeinflusst werden kann.

Arlt prägte in diesem Zusammenhang den Begriff des „schöpferischen Konsumieren-Könnens". Diese Fähigkeit zur bewussten Bedürfnis- und Interessenregulierung sowie -befriedigung muss von früher Kindheit an in sozialen

Interaktionsverhältnissen erlernt, geübt und ein Leben lang gepflegt bzw. kultiviert werden und ist aufgrund interner und externer Störungen und Veränderungen stets gefährdet und herausgefordert – u.a. auch in sozialarbeiterischen Settings – nachjustiert, ausdifferenziert oder mitunter erneut erlernt zu werden.

Was versteht Arlt unter dem Konzept des „schöpferischen Konsumieren-Könnens"? Die auch gegenwärtig dominante Auffassung, den Konsum (d.h. Verbrauch, Verzehr, Genuss) primär als Motor der Produktion zu verstehen, ist, wie Arlt betont, eine verkürzte Sichtweise. Sie weist darauf hin, dass der Konsum, obzwar er auf Urkräfte zurückgehe, die mit dem ganzen Sein des Menschen unlösbar verknüpft seien, differenziert betrachtet mehr bedeutet, nämlich menschliche Bedürfnisbefriedigung, Entwicklung und Entfaltung. Konsumieren sei untrennbar auch mit Akten des Wollens, Verstehens und Urteilens verknüpft, ursprünglich sogar mit bindenden religiösen Vorschriften. „Konsum ist eine schöpferische Potenz, jedoch nur der freigewählte, eigenständige Konsum." (Arlt 1958: 74) Daran gilt es, so Arlt, zu erinnern, da seit längerem die Technik die Versorgung der Konsumierenden an sich reiße und bürokratisch, politisch und kommerziell geregeltes Konsumieren anordne, d.h., die „Produktion den Markt beherrsche". (Art 1958: 73) Es liegt an uns, ob wir uns einer primär fremdbestimmten, bürokratisch, politisch oder kommerziell geregelten Weise des Konsumierens unterordnen oder das Konsumieren als Akt der Selbstbestimmung i.S. von vernünftig und kreativ gestalteter Bedürfnisbefriedigung und -entfaltung verstehen, die dem Aufbau der Persönlichkeit dient.

Wie zwischen diesen beiden Möglichkeiten gewichtet wird, hat nicht nur Auswirkungen für die einzelne Person, sondern auch für die Gestaltung wohlfahrtspflegerischer bzw. sozialarbeiterischer Interventionen oder Dienstleistungen. Folgen wir den Argumenten Arlts, dann resultiert daraus eine konsequente Orientierung an den Bedürfnissen und den aktuellen und potenziellen Stärken oder Ressourcen der unterschiedlich sozial verorteten, vernetzten und verbundenen Personen. Aus dieser Abkehr von einer Orientierung an den Defiziten resultiert auch das Arlt'sche Postulat, nach welchem das Ziel professioneller Fürsorge/Wohlfahrts- bzw. Volkspflege/Sozialarbeit in der Steigerung der Lebensfreude, welche ja nicht zuletzt dem Bewusstsein um die eigenen Kräfte entwächst, besteht und nicht lediglich im Lindern von Leiden (vgl. Arlt 1958: 38). Die Stärkung und Entwicklung der eigenen Kräfte ziehen das Vermögen nach sich, sich selbst zu orientieren, sich selbst zu bestimmen, sich in Austauschverhältnissen zur Mit- und Umwelt selbst zu gestalten und gut für sich sorgen und gedeihen zu können, ohne dies auf Kosten der zunehmenden

Armut anderer oder der unwiederbringlichen Ausbeutung der Umweltressourcen zu tun. Dieses Prinzip der Steigerung der Lebensfreude durch die Stärkung der individuellen Kräfte/Ressourcen, welche eine weitgehend selbstbestimmte, sozial, ökonomisch und ökologisch verantwortbare Befriedigung der zentralen menschlichen Bedürfnisse ermöglichen, ist eine Ausformulierung des auch in der Sozialen Arbeit zentralen Prinzips der „Hilfe zur nachhaltigen Selbsthilfe", durch die Abhängigkeiten von professionellen Hilfssystemen vermieden werden sollen.

In ihrer Bedürfnistheorie unterscheidet Arlt 13 Bedürfnisklassen:
1. Luft/Licht/Wärme/Wasser
2. Ernährung
3. Wohnen,
4. Körperpflege
5. Kleidung
6. ärztliche Hilfe und Krankenpflege
7. Unfallverhütung und Erste Hilfe
8. Erholung
9. Familienleben
10. Erziehung
11. Rechtspflege
12. Ausbildung zu wirtschaftlicher Tüchtigkeit
13. Geistespflege (Moral, Ethik, Religion)

Bedürfnisse sind nach Arlt „seelische Vorgänge",
– die durch innere und äußere Lebensvorgänge oder äußere Umstände entstanden sind und ausgelöst werden,
– die bewusst oder nicht bewusst sein können,
– deren Befriedigung bis zu einem bestimmten Maß aufgeschoben oder in Konkurrenz mit anderen Bedürfnissen treten und mithin unterdrückt werden kann,
– die über erworbene Bilder der Bedürfnisbefriedigung gesteuert werden,
– die als Begehren sittlich-ethischer Beurteilung unterliegen und
– die kurze oder sich über Jahre erstreckende Handlungen der Bedürfnisbefriedigung auslösen (vgl. Arlt 1921: 37f.).

Wie unschwer zu erkennen ist, sind diese Lebensbedürfnisse in unterschiedlicher Weise miteinander verbunden, sodass sich die Qualität der Befriedigung eines bestimmten Bedürfnisses auf die Qualität der Befriedigung der anderen

64

und das menschliche Gedeihen insgesamt auswirkt: So beeinträchtigt bspw. eine mitunter bereits im Mutterleib gegebene Mangelernährung eines Fötus dessen körperliches und geistiges Entwicklungspotenzial und folglich seine Bildungs- und Arbeitschancen.

Obwohl diese Grundbedürfnisse je nach Alter, Kultur, sozialer Schicht, Religionszugehörigkeit, Krankheit, Behinderung oder aufgrund freiwilliger Einschränkungen unterschiedliche Ausprägungen haben können, sind sie doch allen Menschen gemeinsam und können somit als kritischer Maßstab für die qualitative Erfassung des menschlichen Gedeihens und der Armut fungieren.

Mit der Anmerkung: „Jedes Bedürfnis ist folgerichtig, jede Begierde schaltet in ihrem Bereich die Logik aus" (Alt 1985: 74) verweist Arlt auf die den Menschen ein Leben lang abverlangte Bedürfniskultivierung.

Genauso, wie die Bedürfnisbefriedigung Gefahr laufen könne, die Schwelle zum Luxus hin zu überschreiten und zu einer Luxusbegierde zu werden, könne sie auch Gefahr laufen, eine bestimmbare „Notschwelle" zu unterschreiten. Mit dem Begriff der Notschwelle bezeichnet Arlt einen jedes Grundbedürfnis betreffenden Entbehrungszustand, der nicht weiter unterschritten werden darf, da dies zu beträchtlichen Schädigungen für den Einzelnen und seine Umwelt (mittels Vererbung, Vorbild Ansteckung, wirtschaftlicher Schädigung) führt. (vgl. Arlt 1921: 33) Aus der Tatsache, dass diese Notschwellen beobachtbar bzw. empirisch bestimmbar sind, leitet Arlt die zentrale Aufgabe und Verantwortung professionell tätiger Wohlfahrtspfleger/innen ab: Die Kunst derselben bestehe wesentlich darin, in jedem spezifischen Einzelfall zwischen einer einfachen und noch zureichenden Befriedigung und einer gegebenenfalls vorliegenden Unterbefriedigung eines bestimmten Bedürfnisses zu unterscheiden. Dies ermögliche einerseits, jene Fälle zu orten, wo Gefahr im Verzug ist, und andererseits die jeweils vorhandenen Vermögen und Ressourcen zur Bedürfnisbefriedigung zu erkennen, auf welchen wohlfahrtspflegerische Zuwendungen aufzubauen haben. (vgl. Arlt 1931: 42)

Anhand eines Vergleichs zwischen Ist- und Sollzustand lasse sich nach Arlt sowohl die Abweichung des Einzelfalls von einem angemessenen bzw. gerechten Soll- oder Norm-Zustand messen, als auch der Zustand vor und nach einer wohlfahrtspflegerischen Intervention und somit die Wirksamkeit der Hilfsmethoden (vgl. Arlt 1958: 60f.).

Für Arlt stellt eine wissenschaftlich fundierte Bedürfniskunde, welche die allgemeinen menschlichen Grundbedürfnisse sowie angemessene bzw. gerechte Modi der Bedürfnisbefriedigung sukzessive besser zu erfassen vermag, die zentrale Wissensgrundlage für professionelle Fürsorgedienstleistende dar, auf welcher die Bestimmung der Art und des Umfangs der Dienstleistungen zu erfolgen hat. Die Bedürfniskunde stellt aber auch die gesellschaftliche Legitimationsbasis aller professionellen Fürsorgeleistungen dar. Dass Wohlfahrtspflege auf der Basis einer wissenschaftlich fundierten Bedürfniskunde nicht nur den Benachteiligten einer Gesellschaft dient, sondern einen Beitrag zur soziokulturellen Entwicklung der Gesellschaft insgesamt zu leisten hat, verdeutlicht Arlt in folgenden Aussagen:

> „Der Kulturzustand eines Landes wird nicht nur durch seine Höchstleistungen bestimmt, sondern durch seine Grenznot, d.i. die tiefste geduldete Entbehrung; (...) Unter dem Versorgungszustand ist jedoch nicht die fürsorgerische, sondern die bedürfniskundliche Begutachtung zu verstehen, die den Befriedigungsstand aller (grundlegenden, d.h. sozialpolitisch nicht beliebig verhandelbaren; Anm. M.M.) Bedürfnisse erhebt." (Arlt 1958: 80)

Diese z.T. bereits vor 80 Jahren getroffenen Aussagen Ilse Arlts waren mir bis vor eineinhalb Jahren noch unbekannt. Als ich mich damit zu beschäftigen begann, erinnerten mich manche ihrer zentralen Kritikpunkte, die sie gegen reduktionistische Vorgehensweisen in der Armutsforschung vorbrachte, an eine zeitgenössische entwicklungsethische Debatte, die von dem indischen Wirtschaftswissenschaftler und Philosophen Amartya Sen und der amerikanischen Philosophin Martha Nussbaum geprägt wurde.

Während Arlt antrat, die Grundlagen einer eigenständigen Fürsorgewissenschaft anhand einer Bedürfnistheorie aufzuweisen, gehen Sen und Nussbaum (teilweise in gemeinsamer Arbeit) der Frage nach, anhand welcher Kriterien die menschliche Lebensqualität in unterschiedlichen Nationen differenziert gemessen werden kann. Diese Frage resultiert aus einer kritischen Ablehnung der lange Zeit praktizierten Vorgehensweise, anhand des Bruttoinlandprodukts pro Einwohner/in Aussagen über menschliche Entwicklungsstandards und Lebensqualität treffen zu wollen. Auf diesem Wege können aber lediglich Durchschnittswerte errechnet werden und keine Aussagen darüber getroffen werden, wie das nationale Vermögen tatsächlich verteilt ist und wie unterschiedliche öffentlich zu verteilende Grundgüter jedem einzelnen Bürger/ jeder einzelnen Bürgerin eines Landes zugute kommen bzw. welche Chancen ihnen dadurch hinsichtlich der Entwicklung, Bildung und Aktualisierung ihres reichhaltigen menschlichen Fähigkeitenpotenzials tatsächlich gegeben werden.

Sen weist darauf hin, dass der Wert verteilbarer Güter nicht angemessen eingeschätzt werden kann, solange diese getrennt von den menschlichen Funktionen und Fähigkeiten betrachtet werden, für deren Entwicklung und Ausübung sie dienlich sind.

Öffentlich zu verteilende Grundgüter (bspw. Einkommen, Freiheiten, Rechte, Bildung) haben nach Sen und Nussbaum keinen Selbstzweck. Sie sind vielmehr als Mittel anzusehen, welche die Entwicklung menschlicher Fähigkeiten ermöglichen und unterstützen bzw. bei fehlender oder unzureichender Verfügbarkeit hemmen oder verhindern können. Um differenzierte Daten über die aktuelle Lebensqualität aller Einwohner/innen eines Landes erhalten zu können, müsse, so Sen und Nussbaum, bspw. danach gefragt werden, wie sich das Fehlen oder Vorhandensein von ausreichender Nahrung auf die Stoffwechselvorgänge, das Tätigkeitsniveau und andere Lebensbedingungen eines konkreten Individuums (sei es jung, alt, krank, gesund, schwanger, behindert etc.) konkret auswirke. Politische Verteilungskonzepte und Lebensqualitätsanalysen müssten somit auf folgende Frage abzielen: Welche Möglichkeiten der Entwicklung allgemeiner menschlicher Funktionsfähigkeiten werden auf der Grundlage basaler verteilbarer Güter für jedes einzelne Individuum eines Landes erreicht? Die individuelle Lebensqualität müsse demnach entlang folgender Realisierungs- und Zugangsmöglichkeiten bewertet werden: Lebenserwartung, Gesundheitsvorsorge, medizinische Angebote, Art und Qualität der Bildung, Arbeitsmöglichkeiten und -bedingungen, politische und rechtliche Privilegien der BürgerInnen, Freiheiten in sozialen und persönlichen Beziehungen, Machtverhältnisse innerhalb der Familie und zwischen den Geschlechtern und in Hinblick auf die Frage, wie es den Einzelnen in der Gesellschaft ermöglicht wird, eigene Vorstellungen zu haben, sich zu wundern, Emotionen wie Liebe und Dankbarkeit zu fühlen und wie diese Strukturen andere menschliche Funktionen beeinträchtigen oder fördern (vgl. Sen/ Nussbaum 1993a, 1-6).

Martha Nussbaum hat diese allgemeinen menschlichen Funktionsfähigkeiten in einer offenen Liste detailliert beschrieben und ihre Verbindung zu allgemeinen Grundeigenschaften der menschlichen Lebensweise aufzuweisen versucht. In weiterer Folge hat sie daraus eine philosophische bzw. entwicklungsethische Theorie des allgemeinen guten menschlichen Lebens konzipiert, in welcher die allgemeinen notwendigen Bedingungen für eine individuelle Gestaltungsform des Wohllebens beschrieben werden. Diese Bedingungen umfassen die hinreichende Entwicklung und Bildung folgender Funktionsfähigkeiten:

1. Grundeigenschaft: *Sterblichkeit*
   → *Funktionsfähigkeit:* Fähig sein, bis zum Ende eines vollständigen menschlichen Lebens leben zu können, d.h. nicht frühzeitig zu sterben oder zu sterben, bevor das Leben so vermindert ist, dass es nicht mehr als lebenswert erscheint.

2. Grundeigenschaft: *Körperlichkeit*

   → *Funktionsfähigkeit:* Fähig sein, eine gute Gesundheit zu haben (einschließlich reproduktiver Gesundheit), angemessen ernährt zu werden, angemessene Unterkunft zu haben, Gelegenheit zur sexuellen Befriedigung zu haben und fähig sein zur Ortsveränderung.

3. Grundeigenschaft: *physische und psychische Verletzlichkeit*

   → *Funktionsfähigkeit:* Körperliche Integrität: Fähig sein, unnötigen Schmerz zu vermeiden und lustvolle Erlebnisse zu haben sowie die Möglichkeit, einen respektvollen Umgang mit den eigenen Körpergrenzen sowie der Intimsphäre zu erfahren.

4. Grundeigenschaft: *Kognitive Fähigkeiten (Wahrnehmen, Vorstellen, Denken)* → *Funktionsfähigkeit:* Fähig sein, die fünf Sinne zu gebrauchen, zu phantasieren, zu denken und zu schlussfolgern. Dies beinhaltet die Möglichkeit, die Wahrnehmungen, Vorstellungen, Gedanken und die praktische Vernunft in einer menschengerechten Weise nutzen zu können, diese durch Bildungsangebote zu kultivieren, welche Alphabetisierung und Grundfertigkeiten in Mathematik und Wissenschaft einschließen. Diese Funktionsfähigkeit beinhaltet des Weiteren die Möglichkeit, die eigenen Vorstellungen und Gedanken in Form von politischem und künstlerischem Ausdruck sowie in religiösen Übungen, geschützt durch das Recht auf freie Meinungsäußerung, zu verwirklichen und die Möglichkeit, die letzten Sinngebungen für das eigene Leben auf individuelle Weise suchen zu können. (Dies erfordert die Bereitstellung von Bildungsmöglichkeiten und gesetzlichen Garantien für politische und künstlerische Meinungsfreiheit.)

5. Grundeigenschaft: *frühkindliche Entwicklung von Grundemotionen*

   → *Funktionsfähigkeit:* Fähig sein, Bindungen zu Dingen und Personen außerhalb unserer selbst einzugehen und diejenigen zu lieben, die uns lieben und sich um uns kümmern. Fähig sein, in persönlichen Beziehungen Gefühle wie Liebe, Trauer, Sehnsucht und Dankbarkeit, Kummer und gerechtfertigten Ärger empfinden zu können. Dies setzt die Möglichkeit voraus, emotionale Entwicklung frei von erdrückender Furcht und Angst sowie traumatischen Erfahrungen wie Missbrauch und Ablehnung zu erleben. (Diese Fähigkeit sozial zu unterstützen bedeutet, die Formen des menschlichen Miteinanders zu fördern, die nachweisbar eine große Bedeutung für die menschliche Entwicklung haben.)

6. Grundeigenschaft: *Praktische Vernunft*
    → *Funktionsfähigkeit:* Fähig sein, sich eine Auffassung des Guten zu bilden und sich auf kritische Überlegungen zur Planung des eigenen Lebens einzulassen. Diese Fähigkeit beinhaltet heutzutage die Möglichkeit, einer beruflichen Tätigkeit außer Haus nachzugehen und am politischen Leben zu partizipieren. (Dies beinhaltet den Schutz der Gewissensfreiheit.)
7. Grundeigenschaft: *Zugehörigkeit zu anderen Menschen*
    → *Funktionsfähigkeit:*
    a) Fähig sein, für und mit anderen leben zu können, Interesse, Empathie und Verständnis für die Situationen anderer Menschen zu zeigen, Gerechtigkeit zu üben, Mitleid empfinden zu können; sich auf verschiedene Formen familialer und gesellschaftlicher Interaktion einzulassen und sich darin zu engagieren. (Dies beinhaltet den Schutz jener Institutionen, die solche Formen des Miteinanders darstellen, sowie den Schutz der Versammlungsfreiheit und der politischen Meinungs- und Redefreiheit.
    b) Die Möglichkeit, frei von Erniedrigung und Demütigung zu sein und eine soziale Basis für Selbstachtung zu haben, sowie die Möglichkeit, als Mensch, dem die gleiche Würde wie anderen Menschen zukommt, behandelt zu werden. (Dies beinhaltet den Schutz vor Diskriminierung der Rasse, des Geschlechts, der Religion, der Kaste, der ethnischen oder nationalen Herkunft.)
8. Grundeigenschaft: *Bezug zu anderen Spezies und zur Natur*
    → *Funktionsfähigkeit:* Fähig sein, in Beziehung zu Tieren, Pflanzen und zur Welt der Natur zu leben und daran Anteil zu nehmen. (Dies bezieht sich auf Regierungsprogramme zum Schutz bedrohter Arten und Landschaften und zum nachhaltigen Umgang mit der Natur.)
9. Grundeigenschaft: *Humor und Spiel*
    → *Funktionsfähigkeit:* Fähig sein, zu spielen, zu lachen und erholsame Tätigkeiten zu genießen.
10. Grundeigenschaft: *Vereinzelung*
    → *Funktionsfähigkeit:*
    a) Vereinzelung: Fähig sein, das eigene Leben und nicht das von irgendjemand anderem zu leben. Das bedeutet, gewisse Garantien zu haben, dass keine Eingriffe in besonders persönlichkeitsbestimmende Entscheidungen wie Heiraten, Gebären, sexuelle Präferenzen, Sprache und Arbeit stattfinden. (Dies beinhaltet die Fähigkeit, sich an poli-

tischen Programmen, die das eigene Leben schützen, beteiligen zu können.)

b) Starke Vereinzelung: Fähig sein, das eigene Leben in seiner eigenen Umwelt und in seinem eigenen Kontext zu leben. (Dies beinhaltet den Schutz der Rechte auf Eigentum, Erwerbsarbeit, freie Meinungsäußerung, wechselseitige respektvolle Behandlung, Garantien für Versammlungsfreiheit und gegen ungerechtfertigte Durchsuchungen und Festnahmen.) (vgl. Nussbaum 1993: 323-361)

Diese von jedem Individuum (auf der Grundlage gesellschaftlich bereitgestellter/bereitzustellender materieller und kultureller Mittel) hinreichend zu entwickelnden Funktionsfähigkeiten beschreiben die notwendigen Bedingungen, auf deren Basis die Grundfähigkeiten erst nach eigenem Ermessen weiter ausdifferenziert und gewichtet werden können und eine individuelle Form des guten Lebens gewählt und aktualisiert zu werden vermag.[1]

Wie bereits Arlt, so beansprucht auch Nussbaum mit ihrer Theorie des guten Lebens keineswegs, lediglich deskriptive Aussagen zu machen. Sie versteht die potenziellen Fähigkeiten als selbstzweckhafte Werte, denen ein unveräußerlicher Anspruch, ja ein menschliches Grundrecht auf Entwicklung innewohnt. Wenn wir, so Nussbaum, die potenziellen Fähigkeiten als selbstzweckhafte Werte menschlichen Seins betrachten, welche erst auf einem bestimmten Niveau ihrer Ausdifferenzierung als wertvolle Tätigkeiten bzw. Tugenden aktualisiert werden können, dann können aus der Einsicht in die empirische Kluft zwischen potenziellen menschlichen Grundfähigkeiten und deren mangelhafter oder verhinderter Aktualisierung nachvollziehbare emotionale und rationale Motive geweckt werden, die unser sozialpolitisches und ethisches Handeln beeinflussen – und zwar in Richtung einer fortwährend zu fordernden Umverteilung zugunsten aller, deren Fähigkeitenpotenziale durch ungerechte Macht- und Gesellschaftsstrukturen beschnitten oder bereits „im Keim erstickt" werden (vgl. Nussbaum 1999, 102). Indem Nussbaum die einzelnen Grundfähigkeiten als unaustauschbare Eigenwerte betrachtet, welchen eine unersetzbare Bedeutung für ein erfülltes Leben zukommt, vermag ihre Fähigkeitenliste als differenzierter kritischer Maßstab bei der Bestimmung von Lebensqualität zu dienen. Als solcher ist er, nicht zuletzt deshalb, weil er über Arlts Liste der Grundbedürfnisse in einigen Aspekten hinausgeht, auch für sozialarbeiterische Planungen und Interventionen bedeutsam.

---

1 In späteren Texten verbindet Nussbaum bestimmte Fähigkeiten mit menschlichen Grundrechten (Menschenrechten) und mit konkreten sozialpolitischen Forderungen. Siehe dazu die in der Fähigkeitenliste in Klammern angeführten Anmerkungen.

2. Vergleich zwischen Arlts Bedürfnisansatz und Sens/Nussbaums Fähigkeitenansatz

- In beiden Ansätzen wird nach allgemeinen Aspekten menschlichen Lebens gesucht, welche den pluralen und heterogenen Weisen der jeweils praktizierten Existenzformen (mit ihren subjektiven, von Gewohnheiten und kulturellen Normen geprägten Werten und Bedürfnissen) zugrunde liegen. Dies ist bedeutsam, um der Gefahr relativistischer und diskriminierender Wertmaßstäbe zu entgehen und um allgemeine Grundvoraussetzungen für ein gedeihliches Leben politisch und rechtlich einfordern zu können.
- Beide Konzepte zeichnen sich dadurch aus, dass menschliches Gedeihen anhand pluraler, heterogener, vielfach aufeinander einwirkender Aspekte (seien es nun Bedürfnisse, Eigenschaften oder Funktionsfähigkeiten) beschrieben werden, um einen differenzierten kritischen Maßstab zu erhalten, der es ermöglicht Armut oder Nicht-Gedeihen in ihren vielgestaltigen Entstehungs-, Erscheinungs- und Wirkungsformen sowie -zusammenhängen aufweisen zu können.
- Während Arlt jedoch apodiktisch von 13 Bedürfnisklassen spricht, ist die von Sen und Nussbaum vorgestellte Liste allgemeiner menschlicher Grundeigenschaften und Funktionsfähigkeiten unabgeschlossen und offen für Kritik und Ergänzungen durch alle, die sich in diesen Diskurs einschalten.
- Arlt fokussiert allgemeine Bedürfnisse, Sen und Nussbaum hingegen allgemeine Grundeigenschaften menschlicher Lebensform und Funktionsfähigkeiten. Diese Begriffe weisen in ihrer Bedeutung Überlappungen auf und akzentuieren dennoch unterschiedliche Aspekte dessen, warum und wie Menschen nach Überleben und gutem Leben trachten. Während der Begriff „Bedürfnis" (nicht so die Begriffe Begierde und Begehren) häufig eher mit Bedeutungen wie Angewiesenheit, Abhängigkeit und Passivität konnotiert wird, evoziert der Begriff „Funktionsfähigkeit" vordergründig aktive Weisen der Lebensgestaltung und -bewältigung. Im Rahmen einer differenzierteren Analyse dieser Begriffe, welcher hier nicht weiter nachgegangen werden kann, scheint es meines Erachtens viel versprechend, auch den Begriffen „Trieb" und „Antriebskraft" (bspw. in der sozialpsychoanalytischen Verwendungsweise von Erik H. Erikson) genauer nachzugehen. Insgesamt scheint es sinnvoll, alle erwähnten und gegebenenfalls noch andere angrenzende Begriffe für eine detaillierte Analyse

und Beschreibung des Warum und Wie der schöpferischen Gestaltung und Förderung eines gedeihlichen Lebens im Spiel zu halten.

- Sowohl Arlt als auch Sen und Nussbaum konzipieren ihre Ansätze vor dem Hintergrund und in Verbindung mit nationalökonomischen Anliegen, mit Fragen der Wohlfahrtsökonomie und der Verbesserung der individuellen und gesellschaftlichen Entwicklungschancen. Beide betonen die Interdependenz von ökonomischer und individueller Freiheit. Sen bezeichnet die Funktionsfähigkeiten sogar treffend als „substanzielle Freiheiten" und verweist damit auf die materiellen Bedingungen, die stets mitbefördert werden müssen, wenn von Emanzipation oder Empowerment gesprochen wird.

- Sen's Vorschläge für eine differenziertere Beschreibung von menschlicher Entwicklung, für die er 1998 den Friedensnobelpreis für Ökonomie erhielt, sind in den u.a. von ihm entwickelten „Human Development Index" (HDI) eingegangen.[2] Im Unterschied zu diesem Erfolg wurden Arlts Überlegungen in den letzten fünfzig Jahren beinahe tot geschwiegen. Ihr differenzierter, wenn auch aus heutiger Sicht in mancher Hinsicht ergänzungsbedürftiger, Maßstab zur Ortung von Not- und Armutsphänomenen im Rahmen sozialarbeiterischer Dienstleistungen[3] und zur Forcierung selbstbestimmter und schöpferischer ökonomischer und konsumierender Austauschverhältnisse mit der Um- und Mitwelt birgt aber insgesamt betrachtet nicht weniger bedeutsames Potenzial für die Verbesserung der individuellen und gesellschaftlichen Entwicklungsmöglichkeiten (insbesondere der am stärksten benachteiligten BürgerInnen), als in den Konzepten von Sen und Nussbaum enthalten ist.

Eine Herausforderung stellen Arlts wohlfahrts- bzw. fürsorgetheoretische Überlegungen für die gegenwärtige Soziale Arbeit überall dort dar, wo sozialarbeiterische Dienstleistungen eher darauf beschränkt werden, lediglich mone-

---

2 Dieser versucht seit 1990 mit einer Maßzahl den Stand der menschlichen Entwicklung in den einzelnen Ländern der Welt zu verdeutlichen. Der HDI wird jährlich im Weltentwicklungsbericht veröffentlicht, welchen das Entwicklungsprogramm der Vereinten Nationen herausgibt. Verglichen werden darin nicht nur das Bruttoinlandsprodukt pro Einwohner eines Landes, sondern ebenso die Lebenserwartung und der Bildungsgrad mit Hilfe der Alphabetisierungsrate und der Einschulungsrate der Bevölkerung. Der Faktor Lebenserwartung gilt als Indikator für Gesundheit, Ernährung und Hygiene. Bildung steht ebenso wie das Einkommen für erworbene Kenntnisse, die Teilhabe am öffentlichen und politischen Leben steht für einen angemessenen Lebensstandard.
3 Vgl. dazu die kritischen Anmerkungen von Silvia Staub-Bernasconi in dies.: Lebensfreude dank einer wissenschaftsbasierten Bedürfniskunde? Aktualität und Brisanz einer fast vergessenen Theoretikerin Sozialer Arbeit. In: Sozialarbeit, 5 (28), 1996, S. 29

täre Unterstützungsforderungen und -ansprüche zu verwalten sowie jeweils gerade vorhandene Hilfsangebote zu vermitteln, und die Frage der Befähigung zu einer nachhaltigen schöpferischen und selbst bestimmten Ökonomie (bzw. Austausch mit der sozialen und natürlichen Welt) in den Hintergrund tritt. Hinsichtlich der aktuellen Diskussion um die Angemessenheit eines bedingungslosen Grundeinkommens würde Arlt vermutlich ins Treffen führen, dass eine monetäre Umverteilung nicht ohne Augenmerk darauf erfolgen dürfe, wie auch die am stärksten sozial benachteiligten Personen befähigt werden können, ökonomisch, schöpferisch und verantwortungsvoll mit diesem Tauschmittel umzugehen, um dadurch tatsächlich ein größeres Maß an Unabhängigkeit und Selbstaktualisierungsmöglichkeit erlangen zu können. In diesem Zusammenhang ist es, wie Arlt betonte, aus Gründen (1.) der zu stärkenden und aufrecht zu erhaltenden Selbstachtung und gesellschaftlichen Anerkennung und (2.) der Vorbeugung einer durch Fremdhilfe bedingten Demütigung höchst bedeutsam zu überlegen, wie es den Empfängern/innen einer solchen Existenzsicherung ermöglicht werden kann, eine sinnvolle Gegenleistung (oder Pflicht) für ihr Anrecht zu erbringen. (vgl. Arlt 1958: 34ff.)

Not und Armut ist nach Arlt sowohl darauf zurückzuführen, dass es an Mitteln und/oder Zeit und/oder Kompetenzen fehlt (wodurch Handlungsspielräume zum schöpferischen Konsum und zur adäquaten Befriedigung aller Grundbedürfnisse eingeschränkt werden), als auch auf das Faktum des strukturellen Macht-missbrauchs. Auch daraus lässt sich etwas für die tägliche Praxis Sozialer Arbeit lernen: Wenn SozialarbeiterInnen diese Not bedingenden Komponenten der fehlenden Mittel, Zeit und Kompetenzen nicht umfassend berücksichtigen, dann laufen sie Gefahr, selbst bedingendes Element von anhaltender Not zu werden, indem sie bspw. die fatale Abhängigkeit von professionellen sozialen Hilfssystemen verstärken und subtil oder offen ihre strukturelle Macht missbrauchen, anstatt sie effektiv, effizient und schöpferisch für die Ausweitung und Entfaltung der Möglichkeitsspielräume und Fähigkeiten der (aktuellen und potenziellen) NutzerInnen sozialarbeiterischer Dienstleistungen einzusetzen.

Literatur:

Arlt, Ilse (1921): Die Grundlagen der Fürsorge, Österreichischer Schulbücher Verlag, Wien

Arlt, Ilse (1931): Sparsame Fürsorge. In: Soziale Arbeit, Wien/Leipzig

Arlt Ilse (1958): Wege zu einer Fürsorgewissenschaft, Verlag Notring der wissenschaftlichen Verbände Österreichs, Wien.

Nussbaum, Martha C. (1986): Nature, Function and Capabilities: Aristotle on Political Distribution. In: Oxford Studies in Ancien Philosophy, S. 145-184

Nussbaum, Martha C./Amartya Sen (Hg.) (1993a): The quality of Life, Oxford

Nussbaum, Martha C. (1993b): Menschliches Tun und soziale Gerechtigkeit; in: Micha Brumlik/Hauke Brunkhorst (Hg.), Gemeinschaft und Gerechtigkeit, Frankfurt/M., S. 323-361

Ilse Arlt als Pionierin bei der Professionalisierung eines Frauenberufs

Gertraud Pantucek

In diesem Beitrag wird den Impulsen und dem Einsatz von Ilse Arlt für die Befähigung von Frauen zur Ausübung von „Sozialen Berufen" nachgegangen. Die praxisorientierte Aufgabe des Helfens in Situationen von Armut und Not betrachtet Arlt in ihrem gesamten Werk kritisch und viele zu ihrer Zeit neu eingeführte soziale Interventionen werden von ihr nach ihren Möglichkeiten, Wirkungen und Mängeln untersucht. Ilse Arlt kämpft für eine wissenschaftliche Fundierung von Sozialer Arbeit und hält gerade Frauen für bestens geeignet, soziale Tätigkeiten als Beruf auszuüben und sich auch mit Analysen, Theorien und den geforderten Denkaufgaben zu befassen.

1. Die Pionierleistungen von Ilse Arlt

Bei der Wende vom 19. zum 20. Jahrhundert war Ilse Arlt 24 Jahre alt und als junge Frau von den damals eindeutig unterschiedlichen Möglichkeiten für Männer und Frauen zur Teilnahme an der Gesellschaft und zur Gestaltung ihres privaten und beruflichen Lebens direkt betroffen. Trotz ihrer Herkunft aus einer Arztfamilie erhielt sie im Unterschied zu ihren Brüdern keine geregelte Ausbildung. Umso erstaunlicher ist es, dass es ihr dennoch gelungen ist, Zugang zu einzelnen universitären Vorlesungen z.B. im Bereich der Nationalökonomie zu erhalten, zu wissenschaftlichen Vorträgen im In- und Ausland eingeladen zu werden, selber eine renommierte Fachausbildung aufzubauen, und sozial-, bildungs- und berufspolitisch tätig zu sein. Ein großer Verdienst von ihr ist, die Berufstätigkeit von Frauen als gegeben und als selbstverständlich – aber auch differenziert nach Vorteilen und Belastungen – zu betrachten. Armut, Not und soziale Fragen rund um Lebensunterhalt und Berufstätigkeit waren Arlt empirisch und theoretisch wichtig. Sie hielt kritische Reflexionen und ausführliche Analysen für unerlässlich, um passende Hilfen anbieten zu können. Sie verwendet bereits den modernen Ansatz „Recht auf Hilfe", beschreibt „oktroyierte Hilfe" und fasst zusammen, dass Fürsorge-Entscheidungen sowohl im Einzelfall als auch im Großen zu bedenken seien. Die Notwendigkeit,

Dringlichkeit, Art und Dauer der Hilfe sowie die Lenkung der Mittel, neue Formen von Hilfe wie auch Kompetenzkonflikte sind bei „Fürsorgemaßnahmen" festzulegen und zu entscheiden (vgl. Arlt 1958:2).

Das Bestreben von Ilse Arlt, die Zusammenhänge zwischen Armut, Not und Hilfe grundsätzlich und mittels Gesetzmäßigkeiten[1] zu erfassen, liefert interessante, ebenfalls noch aktuelle Aspekte hinsichtlich der Qualität von Sozialer Arbeit. Das ist der Begriff, mit dem ihre Forschungsfragen heutzutage bezeichnet werden. So postuliert sie in ihrem ersten „Gesetz"[2], dass auch die beste Einrichtung zwangsläufig unerwünschte Neben- und Nachwirkungen produziere und meint damit, dass besondere Maßnahmen wie Jugendgerichtsbarkeit, Kinderarbeitsverbot oder Arbeitslosenversicherung sofort auch Missbrauch oder spezifischen Schaden verursachen. Hier sieht sie Handlungsbedarf für Forschungen und Analysen, um tatsächlich alle beeinflussenden Faktoren zu erkennen. Ihr 2. Gesetz lautet, dass meist zwar die Zahl derer bekannt ist, denen geholfen wurde, nicht aber die der Übriggebliebenen. Die damit verknüpften Themen wie „Wartelisten", „versteckte Not", „aufsuchende Hilfen" und „Prävention" werden hier von ihr aktiv angesprochen. All das ist auch im aktuellen Fachdiskurs bekannt. Das 3. Gesetz besagt, dass auch guten Einrichtungen Fehler und Mängel passieren und dass individuell ausgerichtete Leistungsbilanzen fehlen. Hier möchte sie die individuellen Bedürfnisse von Menschen im Mittelpunkt sehen und keine Ausrichtung nach Sachzwängen oder dem Gefüge der Fürsorge. Interessant ist, dass sie dabei auch noch weitere besondere Umstände betrachtet haben möchte wie z.B. Klimafragen. So schlägt sie vor, vor der Errichtung von Fabrikskrippen einen Meteorologen zu befragen, ob das Klima für einen Säugling in der Zeit zwischen 5.30 und 7 Uhr früh zuträglich sei oder eigentlich gefährdend. Das Gesetz Nr. 4 befasst sich mit dem Durchsetzen und Weitergeben von Fehlmeinungen. Aus heutiger Qualitätsperspektive besonders interessant ist das fünfte Gesetz, das besagt, dass das Urteil des Befürsorgten meist fehle und das Gesetz von Angebot und Nachfrage nicht funktioniere. Im 6. Gesetz beschreibt sie, dass zahlreiche Notstände überhaupt nicht bemerkt werden und im Gesetz Nr. 7, dass neue Hilfe/Innovationen in der Fürsorge Reaktionen auf einen krassen Notstand und oft lange Improvisationen blieben. Gesetz Nr. 8 besagt, dass sich aus der Quantität der Fürsorgevorkehrungen nicht auf den Erfüllungsgrad der Hilfsverpflichtungen schließen

---

[1] Die hier angeführten insgesamt neun Gesetzmäßigkeiten finden sich in der Publikation „Fürsorgewissenschaft" (1958).

[2] Die von Arlt als „Gesetzmäßigkeiten" bezeichneten allgemein gültigen Regeln werden in diesem Text als „Gesetze" bezeichnet.

lasse und im 9. Gesetz wird daraufhin gewiesen, dass Ideen verloren gehen und plötzlich auch wieder auftauchen.

Bei der Reflexion dieser Gesetze ist es erstaunlich, wie aktuell und anwendbar ihre Gesetze auch heutzutage sind. Die von Arlt durchgeführten Fallanalysen von Hilfsangeboten, die sie in den oben beschriebenen insgesamt neun Gesetzmäßigkeiten zusammenfasst, zeigen ihr systematisches Erfassen von Interventionen und ihre äußerst lebendige Reflexionsbereitschaft, um bestmögliche Wirkungen für einzelne und die Gesellschaft zu erzielen.

„Ohne geistige Autorität bleibt alle Hilfe Dilettantismus (…)" (Arlt 1958:2) ist ihre klare Botschaft.

2. Zur Berufstätigkeit von Frauen

Die ersten publizierten Beiträge von Ilse Arlt zwischen 1902 und 1907 widmen sich der Berufstätigkeit von Frauen und behandeln die gewerbliche Nachtarbeit von Frauen, die Fabriksarbeit verheirateter Frauen und die Fürsorge von allein stehenden Frauen. Sie unterscheidet sehr klar zwischen den Be-dürfnissen und Forderungen von allein stehenden Frauen und von „Familienfrauen". Ein Ergebnis ihrer Analysen dazu war, dass die wichtigste Forderung von „Familienfrauen" im Ausbau des Arbeiterinnenschutzes liege und bei allein stehenden Frauen im Versicherungswesen, um Arbeitslosigkeit, Krankheit und Altersvorsorge geregelt zu haben. Interessant sind auch ihre Ideen zur „Selbsthilfe" von allein stehenden Frauen durch Berufsvereinigungen, wirtschaftliche Zusammenschlüsse, gemeinsames Wohnen oder Verpflegung.

Hierzu lässt sich anmerken, dass aktuell „Sondergesetze für Frauen", wie besondere Regelungen für Nachtarbeit oder Pensionszeiten, etc. nicht mehr sehr populär sind oder zeitgemäß erscheinen. Die Erwerbstätigkeit von Frauen wird nicht mehr als zusätzliche oder besondere Leistung angesehen. Die Verbindung von Berufsleben, Haushalt und Familienpflichten ist jeweils individuell zu leisten und sollte im Idealfall mit Männern in ihrer Rolle als Partner oder Väter gleichwertig geteilt werden können. Kurz sei hier nur darauf hingewiesen, dass das aktuell noch gegebene Auseinanderklaffen zwischen Ideal und Wirklichkeit für Frauen besondere Anstrengungen mit sich bringt, einen guten Weg zwischen Berufstätigkeit und Familienversorgung zu finden.

Bei Arlt findet sich dazu aus dem Jahr 1906 folgende Aussage:

„Der Konflikt zwischen Familienleben und Erwerbsarbeit (…) hat die verschiedensten Lösungsversuche zur Folge gehabt. Verbote der Fabriksarbeit verheirateter Frauen, Heiratsverbote für Lehrerinnen, andererseits die Zuwendung von Heimarbeit an Frauen von Arbeitern des gleichen Betriebs sind Lösungsversuche des gedachten Problems" (Arlt 1906:2).

3. Soziale Arbeit als „künftiger" Frauenberuf

Ilse Arlt schreibt in der Neuen Freien Presse vom 8. April 1911:

> „Ist es nicht merkwürdig, dass jedes Talent eines Mädchens mehr Aussicht auf Ausbildung und Vertretung hat als der soziale Sinn? Dass diese segensreichste Begabung nur auf Umwegen oder unter Schwierigkeiten zur Entfaltung kommen kann?"

Sie setzt sich in diesem Beitrag vehement für die Schaffung von „Wohlfahrtspflegerinnen" ein und sieht diese als eine Kombination „aus der alten Frauentradition des Helfens, aus dem jungen Frauenwunsch des Studierens und aus der neuen Frauenpflicht des Erwerbens ein den Geber und den Empfänger beglückender, dem Gemeinwohl dienender Beruf". Sie sagt hier eine neue verheißungsvolle Gruppe der sozialen Frauenberufe voraus und auch, dass die Versorgung von Bedürftigen ein „wesensechter Frauenberuf" sei. Die Lage der arbeitenden Klassen zu verbessern, als Gewerbeinspektorin, als Kinder- oder Spitalspflegerin, als Leiterin von Kinderhorten, von Ferienheimen, Anstalten, oder als Sozialsekretärin etc. tätig zu sein, sind für Arlt Beispiele für „soziale Frauenberufe", denen sie eine große und wichtige Bedeutung zuschreibt. Für die „Wohlfahrtspflegerinnen" wünscht sie strenge theoretische Prüfungen und praktische Erprobung. Sie sollen Kenntnisse in moderner Haushaltsführung erwerben und über die Lage des Proletarierhaushalts, über Budgets, Existenzminimum, Kinder- und Krankenpflege, Bürgerkunde, Nationalökonomie, Sozialpolitik, Armenwesen, Vereinsrecht, Buchführung etc. Bescheid wissen.

Der erwähnten Pressearbeit von Ilse Arlt zum Berufsbild der Wohlfahrtspflegerin ging ein Referat am internationalen Kongress für öffentliche Armenpflege und private Wohltätigkeit in Kopenhagen 1910 voraus. Arlt stellt hier „Thesen zur sozialen Hilfstätigkeit der Frauen in Österreich" vor und meint hier in These II:

> „Die Eignung österreichischer Frauen für das ganze Gebiet humanitärer Arbeit – von der unmittelbar geübten Liebestätigkeit bis zu wissenschaftlich-sozialer Betätigung und Schaffung vorbildlicher Institutionen – ist erwiesen. Eine große Zahl von Frauen aller Gesellschaftskreise arbeitet humanitär; eine allgemeine, verpflichtende Sitte fehlt jedoch" (Arlt 1910:62).

Sozialmuseum vereitelt und sie selber isoliert und existenziell bedroht. Dennoch eröffnet sie als fast 70-Jährige nach dem 2. Weltkrieg ihre „Fürsorgeschule" nochmals für weitere 5 Jahre, arbeitet auch nach ihrer endgültigen Schließung im In- und Ausland weiter und ist von der Entwicklung ihres Werks und ihrer Schülerinnen bis zu ihrem Tod 1960 begeistert und überzeugt.

Welche Aspekte ihres Wirkens sind aktuell besonders bedeutsam?

1. Ihre Feststellung, dass *Sachverständige für Soziale Arbeit* fehlen, ist nach wie vor als ein gravierender Mangel zu konstatieren. Diese Forderung könnte aktuell beispielsweise heißen, aus dem Berufsfeld Soziale Arbeit, „Sachverständige für Integration und Entwicklung" von einzelnen und Gruppen in der Gesellschaft auszubilden und im Konflikt- und Bedarfsfall Stellungnahmen, Bewertungen und Gutachten zu einzelnen und strukturellen Interventionen von Behörden, Gerichten, Politik, etc. vorzunehmen und sich aktiv als „SozialexpertInnen" anzubieten.

2. Die Idee und Umsetzung einer *„integrierten Ausbildung"* in der Sozialen Arbeit und auch einer *integrierten Praxis* der Sozialen Arbeit, in der die „Vielfalt des Lebens" betrachtet und erforscht werden muss, ist ebenfalls noch zeitgemäß. Mit dem aktuellen Umbau der Studiengänge für Soziale Arbeit ist hier bei der Ausbildung viel in Bewegung. Nach wie vor nicht geklärt ist in Österreich der Einbezug von Sozialpädagogik in die Soziale Arbeit. Bei der Sozialen Praxis ist die Grenzziehung zwischen den verschiedenen „Nöten" und Bedürfnissen von Menschen praktizierter Standard und je nach meiner Not werde ich als Klientin einer bestimmten Institution zugeordnet. Eine Gesamtschau oder -betreuung wird selten angeboten, vielmehr sehr ausdifferenzierte Hilfen.

3. Die Idee, dass *Armut und Not und Hilfen bewert- und messbar* seien und „Not als messbarer Abstand vom richtigen Gedeihen" (Arlt 1937:4) gefasst werden kann, ist auch für die aktuelle Sozialpolitik und Soziale Arbeit eine große Herausforderung und wird durchaus aktuell auch bearbeitet.[3]. Dies deshalb, damit neue Formen von Armut und eine kontinuierliche Zunahme von armutsgefährdeten Menschen – insbesondere auch von Kindern – in unserem an sich reichen Wohlfahrtsstaat erfasst werden können und in der Folge dagegen zu wirken. Die Betonung einer Armuts- und Bedürfniskunde

---

[3] S. www.donau-quality.at. Von 2005 – 2007 wurden im Rahmen des EU-Programms EQUAL im Projekt „Donau – Quality In Inclusion" Kriterien zur Überprüfung der Qualität Sozialer Arbeit gesammelt. Durchführende gesamtverantwortliche Organisation: Fachhochschule St. Pölten. Beteiligt insgesamt 10 Partnerorganisationen. Inhaltliche Gesamtkoordinatorin: Gertraud Pantucek, Finanzielle Gesamtkoordinatorin: Bettina Behr.

als Ausgangspunkt für ein allgemeines und besonderes Verständnis von Hilfsbedürftigkeit und von sozialen Interventionen ist heutzutage wieder vermehrt in den Blick zu nehmen, um auffällige, aber auch versteckte Formen von Not und Exklusion zu erreichen.

4. Das Bekenntnis von Ilse Arlt, der „ganzen Wahrheit (…) ins Gesicht zu sehen" und den *Zustand von Hilfstätigkeiten* zu erkunden (vgl. Arlt 1958:2), ist kontinuierlich erforderlich, um qualitative Verbesserungen zu erzielen. Die „Qualität" – also der Zustand – von Sozialer Arbeit ist von vielen Faktoren abhängig und in sich lebendig, da sie viel mit „soft facts" wie Beziehung und Entwicklung zu tun hat. Sie lässt sich nicht ein für alle mal festlegen oder ausschließlich von ihren KlientInnen oder KundInnen bestimmen, sondern ist mehrdimensional zu evaluieren und zu prüfen. Wird mit der angebotenen Hilfe das Ziel bestmöglich erreicht und wobei gibt es Veränderungsbedarf? Diese Frage ist die übergeordnete Leitfrage für Qualitätsprüfungen in der Sozialen Arbeit. Interessant ist, dass Arlt über Instanzen spricht, die über die Einhaltung der Grundsätze des Helfens wachen sollen. Die von ihr eingebrachten Grundsätze sind Raschheit, Menschenwürde, Güte, Freiheit, sachliche Richtigkeit, zweckmäßige Anpassung und Wirtschaftlichkeit. Diese Grundsätze korrespondieren weitgehend mit Qualitätsbeschreibungen von Sozialer Arbeit, z.B. mit den 12 Qualitätsmerkmalen von Maja Heiner (1996). Heiner hält neben der Beachtung von eigenen Grundwerten im Bereich der sozialen Arbeit – z.B. von Selbstverwirklichung, Solidarität und Gerechtigkeit – die Orientierung an *„Fachlicher Qualität"* für zentral. Diese lässt sich als Transparenz, Partizipation, Abgestimmtheit, Zugänglichkeit, Zügigkeit, Informiertheit, Vertraulichkeit, Individualisierung, Normalität, Verständigungsorientierung, Achtung und Freundlichkeit bestimmen.

Zusammenfassend möchte ich festhalten, dass weite Teile der klaren und verständlichen Aussagen, Ideen und Reflexionen von Ilse Arlt mittlerweile – still und heimlich – in Theorie und Praxis von Sozialer Arbeit selbstverständlicher Lehrinhalt oder berufliches Backgroundwissen sind – auch wenn sie nicht immer eingehalten werden. Die größte Herausforderung nach einer tatsächlich wissenschaftlichen Fundierung ist bis dato allerdings noch immer nur zaghaft oder ansatzweise eingelöst und bedarf eindeutig noch der Stärkung und Verbreitung. Die Fachhochschule St. Pölten versucht dies unter anderem durch den Aufbau eines eigenen wissenschaftlichen Instituts und es freut mich als Sozialarbeiterin, Sozialanthropologin, Supervisorin und Frau, dass bei der Namensgebung des Instituts der Vorschlag von Maria Maiss aufgegriffen wurde, das Institut nach Arlt zu benennen. Das gibt dem Wirken von Ilse Arlt eine ganz besondere Nachhaltigkeit und soll eine Orientierungslinie für die Ausbildung und Weiterentwicklung des Berufs/der Berufe in der Sozialen Arbeit sein!

Literatur

Arlt, Ilse. (1902): Die gewerbliche Nachtarbeit der Frauen in Österreich.

Arlt, Ilse. (1903b): Die gewerbliche Nachtarbeit der Frauen. In: Die Zeit.

Arlt, Ilse. (1904): Die Fabriksarbeit verheirateter Frauen.

Arlt, Ilse. (1906): Fürsorge für alleinstehende Frauen in Österreich. Wien

Arlt, Ilse. (1910): Thesen zur sozialen Hilfstätigkeit der Frauen in Österreich. In: Glaser, Arthur: Die Frau in der österreichischen Wohlfahrtspflege. Kopenhagen.

Arlt, Ilse. (1911b): Ein künftiger Frauenberuf

Arlt, Ilse. (1958): Wege zu einer Fürsorgewissenschaft.

Ilse Arlt. Eine frühe Systemikerin?

Cornelia Frey

Bevor ich Ihnen meine Idee, dass sich systemisches Gedankengut bei Ilse Arlt finden lässt, näher bringe, möchte ich, wie im systemischen Denken üblich, zunächst den Überweisungskontext klären.

Als Dozentin für „Geschichte, Theorien und Methoden der Sozialen Arbeit" war ich auf der Suche nach VordenkerInnen sozialarbeiterischer Theoriebildung. Dabei stieß ich auf den Begriff des „gelingenden Lebens", der mich faszinierte. Meine Recherchen führten mich zu Ilse Arlt, die allerdings den Begriff des „Gedeihens" benutzte.

Mein Beitrag gilt dem Werk dieser wichtigen Wegbereiterin der Sozialen Arbeit in Europa, die auch als „österreichische Salomon" gilt, aber leider lange in Vergessenheit geraten war. Ilse Arlt hat als Gründerin der ersten Wohlfahrtsschule Österreichs (1912) in ihren Theoriebeiträgen erstaunlich aktuelle Ansätze vertreten, die mich anregten, ihre Ideen zu „entstauben".

Die intensive Beschäftigung mit ihrem Werk hat mich davon überzeugt, dass sie als eine Vorgängerin all jener Methoden Sozialer Arbeit zu sehen ist, die bei den Bedürfnissen der Menschen ansetzen und sich ihrer Stärken bedienen.

Um der spannenden Frage nachzugehen, welche Verbindungslinien zwischen den um 1920 entwickelten Ideen Ilse Arlts und bestimmten systemischen Konzepten der Sozialen Arbeit bestehen, möchte ich zeigen, dass die aktuellen ressourcenorientierten Ansätze und die damit verbundenen Handlungskonzepte keineswegs „neu" sind, sondern sich bereits bei Arlt finden lassen, auch wenn sie nicht direkt von ihr beeinflusst wurden oder auf sie zurückzuführen sind.

1. Sozialgeschichtlicher Kontext

Sich mit Arlts Werk zu beschäftigen heißt auch, sich mit dem historischen Kontext zu befassen. Dazu zählt in erster Linie der Umstand, dass sie in Wien, d.h. in der Metropole des habsburgischen Vielvölkerstaates, lebte. Die Haupt- und Residenzstadt Wien spiegelte die große internationale Bedeutung der Doppel-Monarchie Österreich/Ungarn in jeder Hinsicht wider. Immerhin war dieser Staat, gemessen an der Gesamtbevölkerung von knapp 50 Mio. Menschen, um 1910 der zweitgrößte in Westeuropa. Die Habsburgerresidenz erlebte durch die Eingemeindung der (vorwiegend proletarischen) Vororte im Jahr 1890 eine außerordentliche Ausweitung des Stadtgebietes wie auch der Bevölkerungszahl. Hinter der glanzvollen Fassade des kaiserlichen Wiens gab es aber große soziale Probleme. Um das Jahr 1909 trat eine große Arbeitslosigkeit und Teuerung auf. Die Einkommenssteuer war niedrig und der Staat holte sich das nötige Geld vor allem aus Verbrauchersteuern, die die Mehrheit des Volkes hart trafen, da die Steuern in dieser Zeit hektischer militärischer Aufrüstung ständig angehoben wurden und einen starken Preisauftrieb bewirkten. Durch neu installierte Zwangsarbeitsgesetze kam es in weiten Teilen der Monarchie zu Zwangs- und Besserungsanstalten. Glaubt man einem Verwaltungsbericht der Gemeinde Wien, hatten die Zwangsarbeitsgesetze tatsächlich die gewünschte Wirkung der Kostenersparnis in der Armenversorgung erzielt. Eine repressive Armutspolitik sollte dafür sorgen, „dass dem unverschämten Bettler die Spekulation auf den Wohltätigkeitssinn verhindert wird." (Melinz/Zimmermann 1991:103)

In dieser von Massenarmut gezeichneten Zeit beschäftigte sich Arlt mit Fragen der Armutsforschung. Das Spezifische ihrer Forschungen zur Armut war jedoch in erster Linie der Gedanke ihrer Überwindung: In ihren Veröffentlichungen zur Armutsforschung hat sie immer betont, dass es bei der Erforschung der Armut im Grunde um die Bedürfnisbefriedigung der Menschen ginge und keinesfalls um eine Fixierung auf Armutserscheinungen.

Da Armut im Rahmen der Arlt'schen Theorie als eine Negation gilt, als das Fehlen von Gütern also, die Menschen zum Leben brauchen, muss sie zur Entwicklung von Zielvorstellungen Sozialer Arbeit „vom Kopf auf die Füße" gestellt werden. Die erkenntnisleitende Kategorie ist deshalb nicht die Armut, sondern das „menschliche Gedeihen".

„Armut ist eine Negation, kann daher nicht als Ausgangspunkt für positive Arbeit dienen, sondern das Positive muss ins Auge gefasst werden, es ist das menschliche Gedeihen." (Arlt 1929a:30)

Sie geht also davon aus, dass eine genaue Erfassung der Armut ohne die Kenntnis von den menschlichen Bedürfnissen gar nicht möglich sei. Dabei führt Arlt in ihrem Buch *Grundlagen der Fürsorge (1921)* den Begriff des Gedeihens ein, der von der Art und vom Umfang der Bedürfnisbefriedigung abhängig sei. In Ihren Untersuchungen unterscheidet Arlt 13 Bedürfnisklassen: 1. Ernährung, 2. Wohnung, 3. Körperpflege, 4. Kleidung, 5. Erholung, 6. Luft, 7. Erziehung, 8. Geistespflege, 9. Rechtspflege, 10. Familienleben, 11. ärztliche Hilfe und Krankenpflege, 12. Unfallverhütung, 13. Erziehung zur wirtschaftlichen Tüchtigkeit.

Ilse Arlt nimmt eine differenzierte Aufteilung in Alters- und Bedürfnisklassen vor. Bei den Altersklassen werden Säuglingsalter, Krabbelalter, Kindergartenalter, Schulalter, Jugendliche, erwachsene Mädchen und Frauen bis zum Greisenalter und erwachsene Jungen und Männer bis zum Greisenalter unterschieden.

Im Spiegel der Kontextualisierung erweist sich Ilse Arlt als ein Mensch mit ‚kreativem Geist', den sie in ihren Ausführungen in anderem Zusammenhang apostrophiert. Sie hat als Autodidaktin viele Anregungen aufgenommen und diese aber zu einer völlig eigenständigen theorie-praxis-übergreifenden Konstruktion zusammen gefügt. Mit ihrem theoretischen Ansatz nimmt sie für die damalige Zeit, auch im Vergleich mit ihren zeitgenössischen Kollegen/innen, eine Solitärstellung ein.

2. Hauptelemente ihrer Fürsorgetheorie

Für die Herstellung des menschlichen Gedeihens setzt Ilse Arlt auf eine Fürsorge, welche – ganz im Sinne der aktuellen Empowerment-Konzepte – die „Kreativität der Menschen" zur zentralen Kategorie ihrer Arbeit macht. Die Umsetzung dieses Gedankens führt zu zehn Eckpfeilern ihrer Lehre, welche in gegenwärtig gebräuchlichen Begriffen folgendermaßen lauten:

1. Ziel der Hilfeplanung ist die Bedürfnisbefriedigung
2. Lösungs- und Zielorientierung müssen auf das Gedeihen bezogen sein
3. Steigerung der Lebensfreude
4. Personzentrierung
5. Ressourcenorientierung und Empowerment
6. Kontextualisierung
7. Dezentralisierung und Sozialraumorientierung
8. Prävention
9. Evaluation
10. Partizipation

Zu den Hauptelementen ihres Theoriegebäudes gibt es Entsprechungen in aktuellen systemischen Ansätzen, die wie folgt erläutert werden:

2.1 Bedürfnisbefriedigung

Arlts Ansatz, Armut sei Mangel an Mitteln zur Bedürfnisbefriedigung, wird von ihr ergänzt durch die Aussage, Armut sei als Zustand gestörten Gleichgewichtes zu sehen. Hierin findet sich der Begriff der Homöostase, der als systemtheoretische Annahme auf die Arbeit mit Klienten bezogen bedeutet, dass ein System danach drängt, in den Zustand des Gleichgewichts zu kommen.

> „Homöostase wird durch negatives Feedback sichergestellt: Eine Abweichung vom Gleichgewichtszustand wird wahrgenommen und löst eine regulierende Handlung aus, die den Parameter auf den alten Wert zurückführt. Wir füllen den Tank auf, wenn die Anzeige im Auto absinkt" (Schlippe/Schweitzer 1996:61)

Das Homöostase-Konzept wurde in der frühen Familientherapie dazu benutzt, um die Problemgenese innerhalb des Systems dadurch zu erklären, dass beispielsweise das Symptom eines Familienmitgliedes Ausdruck eines Bemühens um Homöostase sei. Arlt wendet diesen Begriff sinngemäß auf Armutszustände an, um die Bedürfnisorientierung zum Ausgangspunkt des helfenden Prozesses und zur Herstellung des Gleichgewichts zu machen.

2.2 Lösungsorientierung und Zielorientierung auf das Gedeihen

Arlts Grundsatz, nicht vom Problem (der Armut), sondern von der Lösung, d. h. vom Gedeihen auszugehen, ist als Paradigmenwechsel von der problem- und defizitorientierten Sichtweise hin zur Lösungsorientierung in der Sozialen Arbeit zu sehen. Ein salutogenetisches Prinzip (= von der Gesundheit her denken) finden wir bei Arlts Formulierung, dass Armut eine Negation darstellt. Eine sinnvolle und erfolgreiche Hilfe für den Klienten kann nicht von einer Negation ausgehen, sondern muss, so Arlt, vom positiven Endpunkt, vom Gedeihen der Menschen her gedacht werden.

In diesem Eckpunkt findet sich ganz klar die wichtigste Haltung des systemischen Ansatzes: Die Abkehr von der Problemorientierung und Hinwendung zur Lösungsorientierung. Zentral ist dabei die Annahme, dass jedes System bereits über die Ressourcen verfügt, die es zur Lösung seiner Probleme benötigt, dass es sie nur derzeit nicht nutzt. Um die Ressourcen aufzufinden, braucht man sich deshalb nicht mit dem Problem zu beschäftigen, wenn der Fokus von vornherein auf der Konstruktion von Lösungen liegt (vgl. Schlippe/Schweitzer 1996: 124). Daher werden SozialarbeiterInnen im systemischen Ansatz eher als „Moderatoren/innen von Lösungsprozessen definiert, denn als Macher" (vgl. Ritscher 2002:257).

2.3 Lebensfreude steigern, statt Leiden lindern

Dieser Eckpunkt steht in Zusammenhang zum vorausgegangenen Punkt der Zielorientierung, und kann als die zentrale Aussage Arlts gelten. Die Steigerung der Lebensfreude existiert in dieser Klarheit im systemischen Ansatz nicht und stellt auch im Vergleich mit Zeitgenossen/innen wie Klumker, Baum etc. ein nur für Arlt typisches, geradezu einzigartiges Axiom dar.

2.4 Personenzentrierung

Ein zentraler Punkt in Arlts Theorie ist gleichfalls ihre Personenzentrierung und ganzheitliche Sichtweise der Menschen. Dies wird zum einen deutlich in ihrer Vorgabe, stets den ganzen Menschen zu betrachten: „Wann wird endlich der Mensch, der in seinen Notwendigkeiten und individuellen Möglichkeiten genau erkannte Mensch im Mittelpunkt der Betrachtung stehen und nicht das Gefüge der Fürsorge?" (Arlt 1958:17), und zum anderen in der Forderung, dass auch die Hilfe als Ganzes gesehen werden „und derart angewandt werden muss, dass jedes einzelne den größtmöglichen Erfolg erzielt" (Arlt 1921:60). Arlts Ansatz, den ganzen Menschen in seiner Umwelt zu sehen, findet sein Pendant in dem, was in der Theorie der Sozialen Arbeit das Grundmodell bildet, nämlich dem „person in environment" Gedanken. Die Austauschbeziehungen von Mensch und Umwelt, deren wechselseitige Bedingtheit und die Verpflichtung der Sozialen Arbeit, nicht nur die menschlichen Anpassungspotentiale und Bewältigungsmuster zu verbessern, sondern auch auf unzureichende Umweltbedingungen Einfluss zu nehmen, wie dies Ilse Arlt in ihrer Bedürfnisorientierung und individuellen Gestaltung der Hilfe forderte, werden in den Mittelpunkt gestellt.

2.5 Ressourcenorientierung und Empowerment

Ressourcenorientierung als klassische Arbeitsweise der Sozialen Arbeit hat nicht nur die Stärken und die positiven Aspekte im Leben der Klienten/innen im Blick, sondern sucht auch nach Möglichkeiten, den Klienten/innen die Mittel zum gedeihlichen Leben zu verschaffen, also auch materielle Ressourcen zu erschließen.

Im Sinne von Empowerment wird versucht, die KlientInnen zu befähigen, die AkteurInnen ihres eigenen Lebens zu sein und sich nicht durch professionelle HelferInnen entmündigen zu lassen.

Mit ihrem auf der Pariser Konferenz vorgetragenen Satz: „Alles fürsorgerische Handeln sei in erster Linie dem Respekt vor dem kreativen Geist der Menschen („Respect pour l'esprit createur du peuple") verpflichtet" (Arlt 1921:158), hat sie mit großer Klarheit die Prinzipien des Empowerments und der Ressourcenorientierung formuliert.

Mit dieser Forderung, dass Fürsorgerinnen Respekt vor der Kreativität der Menschen haben sollen, stellt sie sich in die Reihe derjenigen, die die Persönlichkeit der KlientInnen achten, diese als ExpertInnen für ihre Probleme und deren Lösungen sehen und mit einer nichtwertenden Haltung ihren KlientInnen als PartnerInnen im Hilfeprozess gegenüber treten. Den Menschen soll die Verantwortung für die Gestaltung ihrer Lebenszusammenhänge und damit einhergehend für die Lösung ihrer Probleme nicht durch Professionelle entzogen werden, wie es auch im Empowerment-Konzept gefordert wird.

2.6 Kontextualisierung

Unter Kontext (von lat. Contextus = Verknüpfung) versteht man den Bezugs-rahmen bzw. Zusammenhang, worin Verhaltensweisen und verbale wie nonverbale Mitteilungen ihre Bedeutung erlangen. So wie sich der Satz eines Textes nur im Zusammenhang des Gesamttextes verstehen lässt, ist zum Verständnis individuellen Verhaltens die Kenntnis des Umfelds, in das es eingebettet ist, notwendig. Die Entwicklung der Familientherapie gründet letztlich auf einer Erweiterung des maßgeblichen therapeutischen Kontextes, denn die Symptome eines Einzelnen gewannen im Kontext der Familie Bedeutung. In Arlts Bedürfnisorientierung wird deutlich, dass es auf den zeitlichen und individuellen Kontext ankommt, der die jeweiligen Bedürfnis-klassen bestimmt. Somit hat sie versucht, Lebenssituationen der Klienten/innen unter der Perspektive der Kontextualisierung zu erfassen und darauf zu reagieren. Sie geht dabei im konstruktivistischen Sinne vom Beobachterstatus aus und versucht dadurch Fehldiagnosen zu vermeiden.

„Zunächst müssen wir uns über unsere Beschaffenheit als Beobachter klar werden. Wie bei allen Wissenschaften, die sich mit Dingen des Alltags befassen, ist auch bei den gesellschaftlichen der ärgste Feind nicht gänzliche Unkenntnis, sondern die Gesamtheit von Fehlmeinungen, welche die landläufige Auffassung ergeben" (Arlt 1921:21)

Nur wenn die Fürsorgerin sich von herrschenden Ansichten freimacht, kann sie die Hilfesuchenden in ihrem Kontext verstehen und entsprechende Hilfe ein-leiten (vgl. ebd.).

2.7 Dezentralisierung und Sozialraumorientierung

Bei der Sozialraumorientierung handelt es sich um einen deutlich umschriebenen Arbeitsansatz, der auf klassischen Orientierungen Sozialer Arbeit (der Gemeinwesenarbeit) aufbaut und mit neueren, insbesondere systemischen, Perspektiven begründet werden kann. Der konsequente Ansatz am Willen und den Interessen der Menschen, die Förderung der Selbsthilfe, Konzentration auf die Ressourcen der im Sozialraum lebenden Menschen, der zielgruppen- und bereichsübergreifende Arbeitsansatz sowie die Kooperation der professionellen HelferInnen spiegeln Arlts Ansatz der Ganzheitlichkeit und der Bedürfnisorientierung wider. Einen weiteren Akzent setzt sie in dieser Hinsicht, wenn sie auf die Notwendigkeit guter Erreichbarkeit von sozialen Institutionen (z.B. Mütterberatungsstellen) hinweist und in diesem Zusammenhang die Vorteile der Bezirksfürsorgerin gegenüber der spezialisierten Fürsorge aufzeigt.

2.8 Prävention

Bei Ilse Arlt finden sich Belege ihres Präventionsgedankens bereits in ihrem Frühwerk „Grundlagen der Fürsorge", wenn sie beklagt, dass die „Fürsorge nie die Anfänge, immer erst das ausgebrochene Übel erfasse" (1921:9).

Auch im systemischen Ansatz in der Sozialen Arbeit wird versucht, präventiv zu arbeiten. In vielen Arbeitsfeldern, insbesondere im Bereich der Schulsozialarbeit und der sozialpädagogischen Familienhilfe, gilt vorrangig der Präventionsgedanke. Im schulischen Kontext verlief die Nutzung systemischen Denkens in verschiedenen qualitativen Schritten, von der Etikettierung von „Problemschülern" über Therapeutisierung von Schulproblemen hin zu der Beratung von Problemfällen und der Präventionsarbeit bei Schulproblemen (vgl. Schlippe/Schweitzer 1996:254).

2.9 Evaluation der Hilfeleistung

Was heute fast als Selbstverständlichkeit und als Qualitätsmerkmal Sozialer Arbeit gilt, war zu Zeiten von Ilse Arlt nicht unbedingt in dieser Ausprägung vorhanden. Arlts Forderung nach Evaluation verknüpfte sie in erster Linie mit einer Art „burn-out" Prophylaxe, d.h. sie maß der Bewertung der Hilfe große Bedeutung für die Arbeitszufriedenheit der Fürsorgerinnen bei.

„Durch mangelhafte Aufnahme der Grundtatsachen bringt sich das Armenwesen um das kostbarste Gut: erfolgsichere Arbeitsfreude durch das Bewusstsein bisheriger Leistungen" (Arlt 1921:19).

89

Im systemischen Ansatz übernimmt diese Regulierungsfunktion der Prozess der Auftragsklärung, der es ermöglicht, durch ein Arbeitsbündnis mit den Klient/Innen eine effektivere Hilfe einzuleiten. Ebenso kann verhindert werden, dass sich SozialarbeiterInnen durch unklare Aufgabenstellungen selbst überfordern. Durch Aus- und Bewertung der eigenen beruflichen Praxis können typische Fehler bei der Planung und Beurteilung von Interventionsprozessen vermieden werden. Über Reflexion hinaus gehen Arlts Überlegungen, wenn sie beklagt, „dass die Fürsorge darunter leide, dass sie jener Beurteilung der Einzelleistungen nicht unterworfen ist, die sonst durch den Besteller erfolgt" (Arlt 1921:15). Die Funktion, die sonst auf dem Markt die Nachfrage ausübt, unterbleibt hier (vgl. Engelke 1998:278). Ilse Arlts Anliegen, die Leistungen der Fürsorgerinnen zu erfassen, wies also damals schon in die gleiche Richtung wie heutige Ansätze der Qualitätsentwicklung.

2.10 Partizipation

Ilse Arlt bezeichnete als die beiden Kernstücke der Fürsorge einmal das Anliegen, Lebensfreude zu steigern, statt Leiden zu lindern

> „Das zweite Kernstück heißt Gegenleistung, nicht im Sinne einer Bezahlung, sondern in der Kunst, der Demütigung vorzubeugen, indem man den Befürsorgten seinerseits irgendwie helfen lässt" (Arlt 1958:38).

In die aktuelle sozialpolitische Diskussion um „Ein-Euro-Jobs" ist Arlts Ansatz allerdings nicht einzuordnen.

3. Abschlusskommentar

Die stärksten Verbindungslinien sind sicher bei ihr zu Empowerment, Ressourcenorientierung und dem Modell der Salutogenese zu finden, ohne dass sie dabei schon systemische Interventionen formuliert. Die vielen dabei zutage tretenden offensichtlichen Parallelen können dabei um Perspektiven ergänzt werden, welche die Bedeutung des Erbes für heutige SozialarbeiterInnen verdeutlichen. Ilse Arlt hat es gewagt, in ihrer Zeit, die von Massenarmut und Nachkriegselend geprägt war, eine Vision vom gelingenden Leben zu entwickeln, die sich in ihrer Orientierung auf das menschliche Gedeihen zeigt.

Ihr Anspruch, SozialarbeiterInnen sollen nicht „VerwalterInnen des Elends" sein, sondern durch engagiertes Arbeiten – auch unter erschwerten Bedingungen – ihren Klienten/innen neue Lebensperspektiven eröffnen, wird auch heute noch verwirklicht. Hilfreich kann dabei sein, sich auf Traditionen Sozialer Arbeit zu besinnen, um in Zeiten leerer Kassen für KlientInnen im Sinne des „gedeihlichen Lebens" einzutreten.

Literatur

Arlt, Ilse (1921): Die Grundlagen der Fürsorge, Wien

Arlt, Ilse (1958): Wege zu einer Fürsorgewissenschaft, Wien

Bünder, Peter (2001): Geld oder Liebe, Münster

Ertl, Ursula (1995): Ilse Arlt – Studien zur Biographie der wenig bekannten Wissenschaftlerin und Begründerin der Fürsorgeausbildung in Österreich. Würzburg, Schweinfurt

Engelke, Ernst (1998): Theorien der Sozialen Arbeit, Freiburg

Hering, Sabine, Waaldijk, Berteke (2002): Die Geschichte der sozialen Arbeit in Europa, Opladen

Melinz, Gerhard, Zimmermann, Susann (1991): Über die Grenzen der Armenhilfe. Kommunale und staatliche Sozialpolitik in Wien und Budapest der Doppelmonarchie, Zürich, Wien

Ritscher, Wolf (2002): Systemische Modelle für die Soziale Arbeit, Heidelberg

Schlippe, Arist v., Schweitzer, Jochen (1996): Lehrbuch der systemischen Therapie und Beratung, Göttingen, Zürich

Ilse Arlt. Empowerment durch eine Fürsorgewissenschaft

Michaela Just

Ich bin heute hier, um zu berichten, wie sich Ilse Arlt für *eine* Studentin der Sozialen Arbeit liest. Die Anregung zum Thema „Ilse Arlt und Empowerment" bekam ich aus dem Buch Cornelia Freys, die dort schreibt, dass Ilse Arlt zu diesem modernen Konzept der – nicht nur – psychosozialen Praxis Verbindungslinien aufweist (vgl. Frey 2005:18,167). Das hat mich neugierig gemacht, weil ich vom Thema Empowerment zum ersten Mal auf der Wiener Universität im Rahmen eines Seminars zu Entwicklungszusammenarbeit gehört habe. Wie dieses Konzept in der Sozialen Arbeit rezipiert wird, und welche ersten Spuren davon bei Ilse Arlt auftauchen, dem galt mein Forschungsinteresse.

Allerdings stellte es sich für einen 20-minütigen Vortrag als unmöglich heraus, hier jede *mögliche* Verbindungslinie – denn diese unterliegen auch immer der Interpretation – nachzuvollziehen. Die genannten Verbindungslinien stellen insofern eine Auswahl dar. Sie beziehen sich auf die Kritik an der Fürsorge/Sozialarbeit, auf Arlts Menschenbild und ihr Wissenschaftsverständnis, das ich als ungemein modern empfinde, und von dem ich hoffe, dass es sich als richtungsweisend für dieses Forschungsinstitut etablieren wird.

1. Empowerment. Nachhaltigkeit in der Sozialen Arbeit

1.1. Entstehungsgeschichtlicher Hintergrund

Empowerment entstand im Zuge der Sozialen Bewegungen (insbesondere der Bürgerrechtsbewegung der schwarzen Minderheitsbevölkerung) in den 1960er-Jahren in den USA, wobei die geistigen Wurzeln weiter zurückverfolgt werden können (vgl. Herriger 1997:18). Auch die Frauenbewegung und Selbsthilfebewegungen tragen die „Handschrift" des Empowerment. Großen Einfluss hatten zudem die Kampagnen zur Bildung eines politischen Bewusstseins des brasilianischen Pädagogen und Sozialreformers Paolo Freire (Herriger 1997:32f), sowie die Diskussion der Entwicklungszusammenarbeit als Fortführung kolonialistischer Bestrebungen. Im deutschen Sprachraum wurde der Begriff in den 90er-Jahren populär. Eingang in die Soziale Arbeit fand er über die Gemeindepsychologie bzw. Gemeinwesenarbeit und Sozialraumorientierung. Als Gemeinsamkeit all dieser Ursprungsdiskurse kann man „solidarische Vernetzung, Selbstorganisation und politikwirksame Selbstvertretung" fassen (Herriger 1997:30). Damit ist ein erstes wichtiges Definitionskriterium genannt: Empowerment ist ein politisches Konzept.

1.2 Definition(en) bezogen auf die psychosoziale Praxis[1]

Empowerment wird in der psychosozialen Praxis oftmals auf die beliebte Maxime „Hilfe zur Selbsthilfe" reduziert.[2] Dabei wird der dezidiert politische Kern des Konzepts vernachlässigt.

„Nach Rappaport (1985) [für den Empowerment-Diskurs maßgeblicher US-amerikanischer Gemeindepsychologe, Anm. M.J.] kann mit Empowerment jeder programmatische und politische Ansatz bezeichnet werden, der es Menschen ermöglicht, Ressourcen, die ihr Leben betreffen oder bestimmen, zu erhalten und über sie zu verfügen" (Bünder 2002:180).

Einen meines Erachtens sehr gelungenen ersten Zugang präsentiert Herriger über die Übersetzungsmöglichkeiten von „empowerment". Je nachdem, ob man es lebensweltlich („power" als „Kompetenz", „Stärke"), politisch („power" als „Macht"), transitiv („empowerment" als „Selbstbemächtigung") oder reflexiv („empowerment" als Selbstermächtigung) ausbuchstabiert, rückt ein anderer Aspekt in den Vordergrund bzw. vereint der Begriff selbst alle Aspekte (vgl. Herriger 1997:12-15). Eine Unterscheidung in „psychologisches" und „politisches" Empowerment führten Swift und Lewin ein (vgl. Swift/Lewin 1987, zit. nach Herriger 1997:169ff). Empowerment zielt in diesem Sinn auf eine Veränderung des Selbst bzw. der Wahrnehmung des Selbst, und eine Sozialveränderung, d.h.

---

1 Die Bandbreite der Definitionen bzw. Verwendungskontexte ist groß. So findet man z.B. allein durch eine Online-Recherche in der Wiener Universitätsbibliothek zahlreiche Einträge auf dem Gebiet der Entwicklungszusammenarbeit, politischer und sozialer Bewegungen, psychologischer Selbsthilfe/Persönlichkeitsbildung, Managementliteratur, Gemeinwesenarbeit, Religion, des Internets, Feminismus usw.
2 Auch das Prinzip „Hilfe zur Selbsthilfe" erregt mancherorts Kritik: „Hilfe zur Selbsthilfe geht es nicht um die Herstellung von Selbstbewusstsein – im Sinne eines Wissens um die eigene Geschichte, den eigenen gesellschaftlichen Ort und um die Verbesserung der eigenen Lage –, sondern um die Herstellung arbeitsfähiger und arbeitswilliger Subjekte. Und wer nicht funktionieren kann und will, für den heißt Hilfe gleich Ausgrenzung und Einschließung" (Völker/Diemer zit. in Stark 1996:113).

- Vertrauen in die eigenen Stärken und Kompetenzen, das eigene Wissen, sowie in selbsterarbeitete Lösungen;
- solidarische Formen der Selbstorganisation, Entwicklung einer partizipatorischen Kompetenz, Einforderung von politischer Teilhabe.

Ein gutes Beispiel sind Selbstbestimmt-Leben-Bewegungen von Menschen mit körperlicher Behinderung: Ziel solcher Bewegungen ist die Stärkung des Selbst-Bewusstseins von Menschen über Gruppenerfahrungen, sowie die Veränderung gesellschaftlicher Rahmenbedingungen, in denen sich die Betroffenen (fort)bewegen müssen. Als diametral entgegen gesetzt kann man einen paternalistischen Zugang bzw. einen „fürsorglichen Aktionismus" fassen. Die Aufgabe der professionellen HelferInnen ist vielmehr die der „Ressourcen-Erschließung" – auch dies ein beliebtes Schlagwort[3] – die den Klienten/innen die „(Wieder-)Herstellung von Lebenssouveränität" (Herriger 1997:14) ermöglichen soll.

Als Eckpfeiler einer psychosozialen Praxis des Empowerment, die laut Herriger in nicht weniger als einer „neuen professionellen Kultur des Helfens" (Herriger 1997:209) gipfelt, werden u.a. genannt:

- Abschied von der Experten/innenrolle[4]
- Aufgabe von Macht – eine partnerschaftliche Beziehung zwischen professionellem/r HelferIn und Klienten/in
- Anerkennung der Lebensgestaltung von Klienten/innen
- Keine eng gefassten Zeithorizonte, Prozessoffenheit
- Förderung solidarischer Formen der Selbstorganisation/informeller Unterstützungsnetzwerke
- Förderung von Autonomie und Einsicht in Stärken und Kompetenzen

1.3. Zwischenbilanz. Stärken und Schwächen bzw. Widerstände

Empowerment bedeutet vor allem einen Perspektivenwechsel, eine „radikale Absage an den Defizit-Blickwinkel" (Herriger 1997:34), der traditionell den

---

3 Zu Konzept und Begrifflichkeit der „Ressourcen-Orientierung" und „Ressourcen-Erschließung" sei wärmstens „Geld oder Liebe. Verheißungen und Täuschungen der Ressourcenorientierung in der Sozialen Arbeit" von Peter Bünder (2002) empfohlen.
4 Stark merkt an, dass Erfahrungen aus Selbsthilfebewegungen zeigen, dass auch hier einseitig die Rolle von ExpertInnen übernommen wird. Die Dominanz in Beziehungen sei also ein strukturelles Problem. (vgl. Stark 1996:31)

Zugang zu Klienten/innen bestimmt (vgl. Herriger 1997:65-72). Anstatt der Defizite sollen die Stärken von Menschen in den Fokus der Beratung rücken.[5] Kritisiert wird an dieser „Stärkenorientierung" vor allem, dass dieser positiven Perspektive oftmals konkrete Handlungsanleitungen und die Frage, wie eine Einübung in diese Haltung funktionieren kann, geschuldet bleiben (vgl. z.B. Bünder 2002:172).[6] Deshalb stecke hinter Empowerment oft nicht mehr als ein Lippenbekenntnis.

Für diese Schwierigkeiten der Umsetzung einer „wirklichen" Empowerment-Praxis können v.a. drei „große" Faktoren genannt werden:

- Kulturgeschichtlich: eine dreitausend Jahre währende, griechisch-jüdisch-christliche Tradition, die in ihrem Kern „analytisch-defizit-orientiert" ist und in der wir primär in der Wahrnehmung von Fehlern, nicht Stärken geschult werden (Herriger 1997:159f).

- Institutionell: Laut Peter Bünder stehen die Bedingungen für Empowerment, wie lange Zeithorizonte, schwierige Kalkulation des Arbeitsaufwandes und notwendige Offenheit, „diametral zu den institutionellen Anforderungen an ein effizientes Zeit- und Fallmanagement" (Herriger 1997:186).

- Politisch: Empowerment – im Sinne einer Umverteilung von Macht – ist politisch nicht gewollt bzw. nur beschränkt durchsetzbar.[7]

Weitere Problemlagen/Kritikpunkte möchte ich hier anhand von Schlagworten anführen, da eine ausführliche Diskussion jedes Punktes zu weit führen würde:

- konzeptionelle Unschärfe, weitreichende Auslegung des Begriffs[8]

---

5 Diese(r) Wunsch nach) Perspektiväderung drückt sich z.B. auch im „Modell der Menschenstärken" (Weik u.a., 1989) aus, das im angloamerikanischen Raum als „strengths perspective" diskutiert wird. (vgl. Herriger 1997:73 bzw. Saleebey:1997). Bünder bezeichnet die Annahme, dass jeder Mensch (verschüttete) Fähigkeiten, Fertigkeiten und Begabungen hat, die es nur wieder zu entdecken gelte, als „Kompetenz-Hypothese". (vgl. Bünder 1996:181)
6 Zur Methodik: Herriger nennt Unterstützungsmanagement als „das notwendige Fundament aller Empowerment-Prozesse", auf dem die „Arbeit an der eigenen Biographie" aufbaue (Herriger 1997:97). An weiterer Methodik werden vor allem die Förderung solidarischer Formen der Selbstorganisation und informeller Unterstützungsnetzwerke genannt. DSA Karin Goger verdanke ich den Hinweis, dass auch Aufklärungs- und Bildungsarbeit als Methodik eines Empowerment-Prozesses gelten können, vor allem die Information über die strukturelle Bedingtheit individueller Problemlagen.
7 „Obwohl die Idee des Empowerment der Praxis Sozialer Arbeit viele Denkanstöße geben kann, bleibt sie mehr oder weniger im universitären Raum verhaftet, weil die zentralen Prämissen zur Etablierung solcher Ansätze politisch nicht gewollt oder für unbezahlbar gehalten werden", so Peter Bünders Resümee (Bünder 2002:186f).

- Überforderung der Klienten/innen bzw. professionellen HelferInnen: Haben professionelle HelferInnen gelernt, Empowerment-Prozesse anzustoßen? Was, wenn es momentan um Ressourcen des/der Klienten/in schlecht bestellt ist oder er/sie aus Angst, Trauer usw. selbst nicht an Ressourcen glauben kann? (vgl. z.B. Bünder 2002:183)
- „Ressourcen-Orientierung" wird laut Bünder immer dann besonders populär, wenn finanzielle Mittel knapp sind (vgl. Bünder 2002:199). Ein strukturelles Problem soll so auf individueller Ebene gelöst werden. Außerdem könnten sich erst auf der Basis einer materiellen Absicherung nichtmaterielle Ressourcen entfalten; eine (längerfristige) Hilfeleistung hingegen, die nur aus kompensatorischen Mitteln bestehe, führe wiederum zu Abhängigkeiten. (vgl. Bünder 2002:124, 178, 205, 206)
- Ist Empowerment immer „gut" – unabhängig von moralischen Kategorien und Zielen? (vgl. Stark 1996:118)[9]
- Funktioniert Empowerment in unfreiwilligen Betreuungskontexten?[10]

1.4. Resümee. Kann Empowerment „funktionieren"?

Empowerment ist – ein im Kern – hochgradig politisches Konzept, das – nimmt man es als solches – eine kulturgeschichtliche Haltung des Bewertens, gesellschaftliche Benachteiligungen sowie die (mögliche) Funktion Sozialer Arbeit als „normierende und reparierende Instanz" (Stark 2002:56) in Frage stellt.

Durch den inflationären Gebrauch weitgehend seines „Bisses" beraubt, liefert es dennoch wertvolle Denkanstöße bzw. den wichtigen Grundstein eines positiven Klienten/innenbildes. Ein „Mehr" an Umsetzung in der psychosozialen Praxis wäre wünschenswert; dies wird aber durch seine immanent kultur- und systemkritische Konzeptualisierung vermutlich auf absehbare Zeit schleppend (wenn überhaupt) vorangehen. Meines Erachtens ergibt sich hier eine ähnlich

---

8 Diese weitreichende Interpretation kann meiner Meinung nach auch positiv betrachtet werden, weil sich darin ein „Selbst-Bewusstsein" der jeweiligen Akteure/innen zeigen kann; dies gilt z.B. für Grassroot-Bewegungen sowie die Frauenbewegung. Wenn Management-Lektüre zur effizienteren Führung der MitarbeiterInnen als Empowerment betitelt wird, beißt sich hingegen die Katze in den Schwanz, weil hier offenbar die konzeptimmanente kritische Komponente völlig ausradiert wird.
9 Stark gibt das Beispiel der Stärkung von rechtsradikalen Gruppen. M.E. ist die Frage, ob es sich hier um Empowerment handelt, hinfällig, weil eine der Prämissen von Empowerment ist, dass Entscheidungen von Klienten/innen insofern zu respektieren sind, da sie keine physische oder psychische Bedrohung von anderen Menschen darstellen, wie es hier eindeutig der Fall ist.
10 Bünder gibt als Beispiel ein junges Paar, das sein Kind vernachlässigt. Was, wenn man das junge Paar zwar für die partnerschaftliche Liebe lobt, aber die elterlichen Ressourcen nicht (frühzeitig) entdeckt? (vgl. Bünder 2002:176)

„verzwickte" Lage wie sie Feministinnen im Anschluss an die zweite Frauenbewegung diskutierten: Kann eine systemkritische Sicht überhaupt institutionell
funktionieren – oder resultiert daraus eine (irreversible) Vereinnahmung und
„Zähmung"?[11]

2. Ilse Arlts Fürsorgewissenschaft. Elemente von Empowerment in Theorie *und* Praxis

Vorwegschicken möchte ich, dass es sich bei Empowerment – wie im ersten
Teil geschildert – um ein relativ modernes Konzept handelt. Ich gehe davon aus,
dass zu einer bestimmten Zeit verschiedene Faktoren zusammenstoßen, die in
einem neuen Konzept gipfeln: Im Fall von Empowerment war es die politische
Aufbruchstimmung der 1960er-Jahre bzw. – bezogen auf die psychosoziale
Praxis – die Unzufriedenheit der professionellen HelferInnen mit den „alten"
Konzepten (vgl. z.b. Stark 1996:56). Die Liste ließe sich weiter fortsetzen: So
wird die Entstehung des Konzeptes z.b. auch mit der Individualisierungstheorie
von Beck (vgl. Herriger 1997:36-51, Bünder 2002:9) bzw. mit dem in
westlichen Gesellschaften vorherrschenden „Knappheitsparadigma" (vgl. Stark
1996:31-38), mit Globalisierung (Bünder 2002:9)[12], mit Kommunitarismus und
Postmoderne (ebd.:59) usw. in Zusammenhang gebracht.[13] Empowerment ist
also aus spezifischen gesellschaftlichen, sozial- und kulturgeschichtlichen Gegebenheiten, zu denen auch die Kritik an der gängigen psychosozialen Praxis
zählt, entstanden. Zur Zeit Arlts waren diese Gegebenheiten natürlich andere –
daher kann es nicht mein Anliegen sein, eine „enge", moderne Definition dieses
Konzepts auf Ilse Arlt zu beziehen. Ich glaube, aber sehr wohl, dass einige
Elemente eines „breit" verstandenen Empowerment-Konzepts bereits bei ihr
angelegt waren bzw. im Sinne einer Intertextualitätstheorie, in der Texte in
einem zeitlosen Raum einander antworten, man Ideen losgelöst von ihrer
chronologischen Abfolge betrachten kann.

---

11 Ich nehme an, dass vor allem Selbsthilfe- bzw. grassroots-Bewegungen so überaus leuchtende
Beispiele von „Empowerment" darstellen, weil sie sich außerhalb institutioneller Gegebenheiten
bewegen.
12 Um genau zu sein, bezieht sich Peter Bünder auf die Popularisierung des Begriffs „Ressourcen",
die sich als „Reflex auf den umfassenden gesellschaftlichen Umbruch" vollzogen habe, „der mit den
Schlagworten Individualisierung und Globalisierung (...) gekennzeichnet werden kann" (Bünder
2003.9).
13 Siehe hierzu auch Kap. 1.1.

98

2.1. Kritik an der damaligen Fürsorge

Ausgangspunkt von Ilse Arlts Forschungen war die Kritik an der damaligen Fürsorge, die der geistigen Fundierung entbehren würde. Nur „helfen zu wollen" reiche laut Arlt nicht, vielmehr brauche es eine Theorie, die „die Sicherheit des Handelns und die Verlässlichkeit der Kritik" (Arlt 1958:3) garantiere. Denn: „Ohne geistige Autorität bleibt alle Hilfe Dilettantismus oder, in wenigen gesegneten Fällen, Genialität" (Arlt 1958:3). So kritisiert sie z.B. die unerwünschten Neben- und Nachwirkungen an und für sich guter Einrichtungen, den Charakter der Improvisation, den viele aus akut auftretenden Notständen entstandenen Fürsorgeeinrichtungen beibehalten würden; weiters, dass viele Notstände unbemerkt blieben, dass nur die Zahl der Unterstützten, nicht aber der Hilfsbedürftigen bekannt sei, dass das Urteil der Befürsorgten fehle usw. (vgl. Arlt 1958:3-33). Als neuere „Komplikation" hält sie zudem fest, dass ein Großteil der Hilfe „oktroyiert" sei, was oftmals einem „Überziehen von Schutthalden mit täuschendem Grün" ähnle (Arlt 1958:54).

All diesen Fehlentwicklungen würde eine Fürsorgewissenschaft entgegen wirken. Durch sie sei es möglich, nicht nur Notstände frühzeitig zu bemerken, sondern diese auch vorauszusagen. Dabei bezieht sich Arlt nicht nur auf die individuelle Ebene, sondern auch auf Notstände eines ganzen Landes.

Eine wichtige Grundhaltung ihrer Forschung war, dass sich die Fürsorge immer an dem Menschen selbst, und nicht an den Fürsorgeeinrichtungen zu orientieren habe: „Fürsorge ist nicht von den Fürsorgeeinrichtungen her, sondern einerseits von der Bedürftigkeit und ihren Gesetzmäßigkeiten, anderseits [sic] vom Gedeihen her zu orientieren" (Arlt 1958:132). Dies bedeute z.B. die zu bewältigende Aufgabe nicht „nach den Größenverhältnissen der verfügbaren Hilfe zuzustutzen" – vielmehr hätten sich die HelferInnen „zu der Größe aufzuschwingen, die der Aufgabe entspricht (...)" (Arlt 1958:17). Außerdem stellt sie fest, dass eine Entscheidungsfreiheit des Menschen für das Gedeihen unbedingt vonnöten sei, denn: „Wer ist nun (...) so sachverständig, dass er für andere Menschen autoritativ das Richtige verfügen kann?" (Arlt 1958:90).

Sie steht damit bereits am Anfang einer Tradition, die Soziale Arbeit in Bezug auf ihre Funktion und Pflichterfüllung kritisch hinterfragt. Arlt vergleicht Fürsorge „aus Menschenliebe und religiösen Motiven" auch mit „Sonnenschein, der ihn [den Menschen, Anm. M.J.] kräftigte oder nicht selten versehrte" (Arlt 1958:57).

2.2. Menschliches Gedeihen – der Mensch im Mittelpunkt

Ein wesentliches Merkmal von Ilse Arlts Fürsorgetheorie war der grundlegend positive Ausgangspunkt ihrer Überlegungen. Sie wählte eben nicht Armut als Ausgangspunkt ihrer Überlegungen, sondern „menschliches Gedeihen": „Armut ist eine Negation, kann daher nicht als Ausgangspunkt für positive Arbeit dienen, sondern das Positive muss ins Auge gefasst werden, dessen Negation Armut heißt. Es ist das menschliche Gedeihen."[14]

Ein wichtiger Aspekt der Betrachtung von „Armut" und „Hilfe" ist, dass Arlt beide als historische, somit wandelbare Phänomene begreift (vgl. Arlt 1958:96).[15] Armut habe zudem mannigfaltige Erscheinungsformen, daher sei sie kaum zu definieren.[16] Diese Einsicht gewann Arlt aus der „Deskriptiven Nationalökonomie", die trotz intensiver Feldforschungen an der Lösung des Problems „Armut" scheiterte, und zwar, weil sie eben versuchte, das Phänomen „Armut" zu erforschen. Arlt hingegen „drehte den Spieß um", und wandte sich der Erforschung des menschlichen Gedeihens zu.[17] Dies könne nämlich – im Gegensatz zu Armut – immer gleich definiert werden, und zwar über die Befriedigung der Bedürfnisse, die Arlt festlegte, und die laut ihr für alle Menschen ausnahmslos galten (Unterscheidungen machte sie lediglich in Bezug auf Altersklassen und „Spezialbedürfnisse", z.B. von „Siechen", „Kranken" usw.). Der Mensch strebe also nach Erfüllung seiner Bedürfnisse; eine Anpassung an eine Umwelt, die diese nicht gewährleiste, erfolge „unter Protest": „Überall Treue zum inneren Idealbild des persönlichen Gedeihens,

---

14 Diese Ausrichtung am menschlichen Gedeihen wird z.B. in Arlts sehr fortschrittlichem Pädagogikverständnis konkret greifbar. So hielt sie z.B. „vielseitiges Erleben", das sich in plötzlicher Begeisterung und schnellem Desinteresse der Jugend für ein Hobby äußere, für sehr wichtig; wenn die befürsorgten Jugendlichen für ein Hobby nun materieller Dinge bedurften, sollten diese von einer neutralen Stelle bezahlt werden, damit sich die Jugendlichen nicht dem Vorwurf der Undankbarkeit aussetzen mussten, wenn sie das Hobby wieder fallen ließen (vgl. Arlt 1958:25). Ein anderes Beispiel ist die Gewährung eines freien Tages für eine Schülerin, wenn sich diese „lernunfähig" fühlte (vgl. ebd.).

15 „Armut" sei außerdem ein dynamisches Phänomen, wie Arlt mehrmals betont: „Der Armutszustand eines Individuums, den [sic] wir vor uns sehen, ist niemals ein Ruhezustand, (...) sondern ist ein Augenblicksbild aus einer Bewegung nach abwärts" (Arlt 1929:31).

16 Ilse Arlt definiert Armut zwar, aber über die Bedürfnisse, die befriedigt sein müssen, um menschliches Gedeihen zu sichern: Armut sei ein „Mangel an Mitteln zur richtigen Bedürfnisbefriedigung" oder „falsche Bedürfnisbefriedigung bei ausreichenden Mitteln" (Arlt 1958:64); als Armutsursachen gibt sie aber auch (neben dem Mangel an Mitteln) den Mangel an „Zweckstreben oder an Zeit oder an Verständnis" an (Arlt 1958:65).

17 Bezogen auf Armut sagt Arlt: „Eine Negation zu fassen ist unmöglich. (...). Fruchtbar wird erst die Erwägung, das Positive zu suchen, dessen Negation Armut ist und in jedem Armutsfall den Abstand von diesem Richtigen – nennen wir es das menschliche Gedeihen – zu suchen" (Arlt 1929:29f).

überall Protest" (Arlt 1958:71). Weiters hielt sie fest, dass Armutsforschung „nicht bloß aus Elendsanalysen, sondern auch aus dem Erkennen positiver Grundkräfte" bestehe (Arlt 1958:84).

Mit diesem positiven Ausgangspunkt ihrer Forschung nahm Arlt vorweg, was auch in jüngerer Zeit in der Sozialen Arbeit passierte: SozialarbeiterInnen wurden zunehmend unzufrieden mit dem Defizit-Blickwinkel, weil sie erkannten, dass er einer konstruktiven Hilfe im Weg steht. Dies bildete – wie beschrieben – den Ausgangspunkt für zahlreiche Versuche, von der Erforschung der Negativ-Phänomene „Krankheit", „Defizit" usw. wegzugehen, und sich stärken- bzw. gesundheitsorientierte Ansätze zur Grundlage des Helfens zu machen. Empowerment mit seinem Bekenntnis zu inneren wie äußeren Ressourcen des Menschen ist einer davon.

Arlt plädierte auch damals schon für eine ganzheitliche Betrachtung des Menschen: „Die Ganzheit des Lebens hat beständig vor uns zu stehen, der Mensch als Ausgangspunkt und als Ziel unserer Arbeit" (Arlt 1958:61). Dieses heute so moderne Schlagwort von einer „ganzheitlichen Betrachtungsweise" bildet ebf. eine der Grundlagen des Empowerment-Ansatzes, vor allem im Sinne davon, dass er auf die Stärkung des Menschen sowohl auf Ebene der psychologischen Verfasstheit, als auch auf Ebene seiner sozialen Beziehungen und seines politischen Gestaltungsvermögens abzielt. Ebenso ist die individuelle Gestaltung der Hilfe eine wichtige Maxime Arlts, die sie den Schülerinnen z.B. dadurch näher zu bringen versuchte, dass sie ihren Gestaltungswillen während ihrer zweijährigen Ausbildung in allerlei Fächern zu stärken versuchte: „Schach der schematischen formelhaften Arbeit am Menschen!" (Arlt 1958:132)

2.3. Angewandte Armutsforschung

Zentral im Hinblick auf Arlts Fürsorgewissenschaft scheint mir, dass es sich dabei um eine – in ihren Worten – „angewandte Armutsforschung" (Arlt 1958:51) handelt. Die Schülerinnen ihrer „Vereinigten Fachkurse für Volkspflege" erarbeiteten durch ihre Forschungen – vielfach fällt darunter, was wir heute als „Feldforschung" betiteln würden – erst die Wissensbasis ihrer Ausbildung. Ilse Arlt betont, dass die Schülerinnen möglichst viele verschiedene Menschen kennen lernen sollten, um ihre Wahrnehmung auf diese Verschiedenheit und Mannigfaltigkeit zu trainieren; so könnten sie die künstliche Einengung der Wahrnehmung aufgeben, die „aus Notwehr gegen die Fülle des zufälligen Erlebens" entstehe (Arlt 1958:129); auf dieser Ebene sollten sie auch das in der Schule herangezüchtete Abstrahieren, Typisieren usw. verlernen, um es erst eine Stufe später – nämlich in Bezug auf die allen Menschen gemeinsamen

Bedürfnisse – wieder zu erarbeiten (vgl. Arlt 1958:129). Dass diese Ausbildung sehr praxisnah war, lässt sich u.a. an den Titeln der Seminararbeiten ihrer SchülerInnen ablesen, z.b. „Erleichterungen für alte Leute", „Heilkräuterzubereitung nach ärztlicher Vorschrift", „Was kaufe ich für einen Groschen?" (zit. nach Ertl 1995:91f). Auch sollten die Ergebnisse der Forschungen in einem der Schule angegliederten Museum der Öffentlichkeit zugänglich sein, um diese Erkenntnisse direkt denjenigen zukommen zu lassen, für die sie auch von Nutzen sein konnten.

Bezüglich der Methodik für ihre Fürsorgewissenschaft wollte sich Arlt möglichst an der Forschungsweise der Naturwissenschaft orientieren, z.b. durch „genaue Beobachtung", „Aufzeichnung der messbaren Erscheinungen", „sorgfältige Unterscheidung zwischen statischen und dynamischen Erscheinungen" usw. (vgl. Arlt 1929:29). Allein das Experiment dürfe die Fürsorgewissenschaft nicht übernehmen, wenngleich Ilse Arlt festhält, dass in der Fürsorge „überhaupt nur experimentiert" werde (Arlt 1958:87), eben mangels einer wissenschaftlichen Basis, auf die man sich stützen könne. Demzufolge müsste aber wenigstens der Erfolg oder Misserfolg der Experimente festgestellt werden, um daraus zu lernen (vgl. Arlt 1929:88).

Überaus modern ist auch Ilse Arlts Einsicht in die Beeinflussung der Forschung durch den/die BeobachterIn: So müsse es eine „strenge Trennung der reinen Beobachtung einerseits und der Absichten, Pläne, Leistungen des Beobachters andererseits [sic]" geben (Arlt 1929:29).

Arlt versuchte in ihrer Ausbildung zwei Elemente zu verknüpfen: die Schülerinnen in einer *Haltung* (der Vorurteilsfreiheit, des Individualisierens) zu schulen, und zwar durch die *Art* des Unterrichts, und gleichzeitig Wissensbestände für die sachgemäße Ausübung der Fürsorge zu erarbeiten. Sie räumte ein, dass der Begriff „Wissenschaft" vielleicht „zu hoch gegriffen" sei, z.B. dafür, dass eine Schülerin aufschrieb, was die Kinder in ihrer Heimatstadt gern spielten, doch zentral schien ihr die praktische Verwertbarkeit wie die „Freude am Entdecken neuer, noch nicht durch so viele Lehrbücher und Schülerhände gegangener Tatsachen" (Arlt 1958:125f). Diese Form der Wissenschaft, die im Entdecken neuer Tatsachen und einer respektvollen Haltung gegenüber den „Forschungsobjekten" besteht, halte ich für besonders wertvoll, umso mehr, da sie meines Erachtens im wissenschaftlichen Betrieb vielfach durch eine reine „Wissensverwaltung" ersetzt ist. Auch die im Empowerment-Diskurs aktuelle Frage, wie man die Haltung einer individualisierenden, stärkenorientierten Sichtweise einüben könne, hat Arlt durch die Gestaltung ihres Unterrichts zu lösen versucht: in der Aktivierung des Gestaltungswillens durch sehr unterschiedliche (darunter auch viele kreative)

Fächer versuchte Arlt beispielsweise, den Schülerinnen einen Zugang zur individuell zu gestaltenden Hilfe zu vermitteln (vgl. Arlt 1958:131) bzw. lebte sie ihren Schülerinnen im Umgang mit ihnen eine Haltung vor, die auf die Berücksichtigung der persönlichen Entscheidungen wie auch auf der Anerkennung der allgemein menschlichen Bedürfnisse fußte.

2.4. Zusammenfassung und Resümee

Die offenkundigste Parallele von Arlts Konzept einer Fürsorgewissenschaft zu heutigen Empowerment-Konzepten ist der positive Ausgangspunkt ihrer Hilfe, nämlich das menschliche Gedeihen; gleichfalls glaubt sie an positive Grundkräfte im Menschen. Beredtes Zeugnis hiervon legt meines Erachtens vor allem die sehr fortschrittliche Auffassung von Pädagogik in den zahlreichen Beispielen aus der Kinder- und Jugendfürsorge sowie im Umgang mit den eigenen Schülerinnen ab.

Hilfe zu leisten bedeutet für Arlt nicht, auf bestehende Notstände zu reagieren; vielmehr ist es ein Konzept ihrer Hilfe, Menschen die Befriedigung ihrer Bedürfnisse zu sichern, um bevorstehender Not vorzubeugen. Dabei ist sie sich der möglichen unerwünschten Neben- und Nachwirkungen von Hilfe durchaus bewusst – auch hier findet sich eine Parallele zu Empowerment-Konzepten, die insbesondere die Abhängigkeit der Klienten/innen (aber auch die Ausnutzung der HelferInnen durch „erfahrene" Klienten/innen) als unerwünschte Auswirkung der Hilfe kritisieren und ein bewusstes „Gegenprogramm" hierzu darzustellen versuchen. Gleichfalls dürfen diese Schwierigkeiten nicht zu Unterlassung der Hilfe oder Pseudohilfe führen, wie sie auch Arlt als ein „Überziehen von Schutthalden mit täuschendem Grün" (Arlt 1958:54) kritisiert. Ebenso wendet sie sich gegen das autoritative Verfügen über Menschen, da auch Entscheidungsmöglichkeiten integraler Bestandteil menschlichen Gedeihens sind und gegen theoretisch unabgesicherte Fürsorge als „Naturgewalt", die den Menschen „kräftigte oder nicht selten versehrte" (Arlt 1958:57).

Immer bildet der einzelne Mensch den Ausgangspunkt der Hilfe, und immer muss diese auf den Menschen – in seiner Ganzheit – abgestimmt sein: „Die Auswege aus der Not sind nur individualistisch zu finden" (Arlt 1958:98), „Individualisieren ist das erste Erfordernis der Fürsorge" (Arlt 1958:123) und, etwas kritischer: „Von welcher Steuerklasse an gilt >höchstes Glück der

Erdenkinder sei nur die Persönlichkeit<?" (Arlt 1923:73f, zit. nach Staub-Bernasconi 1996:20), hält Arlt hierzu fest.[18]

Als besonders modern liest sich die Auffassung Arlts zur Aufgabe, den „Willen zur Selbsthilfe zu stützen": Zwar sei dies „eine der vornehmsten Aufgabe [sic] moderner Fürsorge – aber (...) mit äußerster Behutsamkeit anzuwenden" (Arlt 1958:98). Sie schlägt vor, erst anhand der Bedürfnisse zu untersuchen, warum sich jemand nicht mehr selbst helfen kann; daraus ergäbe sich möglicherweise ein Lösungsansatz (vgl. Arlt 1958:98). Sie wählt also das Konzept der „Hilfe zur Selbsthilfe", das heute so aktuell wie nie zuvor scheint, jedoch nicht als „Heilsversprechen", sondern als eine in jedem Fall zu reflektierende, sehr behutsam durchzuführende Aufgabe. Sie erkannte schon damals, dass es diesem Prinzip nicht zuträglich war, nur das wirtschaftliche Defizit von Menschen auszugleichen (vgl. Arlt 1958:94f). Dass Hilfe nur im Zusammenspiel von materiellen und nichtmateriellen Ressourcen glücken kann – diese Erkenntnis hat sie so ebenfalls vorweggenommen.

Arlt richtet sich auch gegen eine Spezialisierung der Fürsorge(ausbildung) (vgl. z.B. Arlt 1958:92) weil sie effizienter, umfassender Hilfe entgegenstehe. Damit steht sie in einer Linie mit Empowerment-Verfechtern/innen wie Stark, die in der Spezialisierung der Sozialen Arbeit die Gefahr orten, dass „die Verbindungslinien [...] zwischen individuellem Leid und gesellschaftlichen Strukturmerkmalen immer abstrakter und für die Praxis kaum mehr greifbar" werden (vgl. Stark 1996:15).

Als Vorreiterin erscheint mir Ilse Arlt vor allem in der Frage, wie man eine – für Empowerment-Konzepte so unabdingbare – stärkenorientierte, respektvolle und individualisierende Haltung vermitteln kann. In einem Unterricht, der Schülerinnen durch die Bandbreite an (vor allem auch kreativen) Fächern in individueller Gestaltung der Hilfe schulen sollte, einem Umgang mit ihnen, der ihre Grenzen und Bedürfnisse respektierte, und Praktika wie Feldforschungen, die vor allem auf die Wahrnehmung der Vielfältigkeit von Menschen abzielten, sollten die SchülerInnen zu Expertinnen der Bedürfnisbefriedigung werden, die zugleich die „Grundsätze des Helfens" einzuhalten wussten: „Raschheit, Menschenwürde, Güte, Freiheit, sachliche Richtigkeit, zweckmäßige Anpassung und wirtschaftlicher Grundsatz der >größten Leistung bei geringstem Aufwand<" (vgl. Arlt 1958:3). Eine Forschung, die der Lebendigkeit des zu erarbeitenden Wissensgebietes gerecht wurde, stellte vermutlich eine nicht unwesentliche Motivation dar und bildet einen Kontrast zu einem heute so

---

18 Dabei bezieht sich „Individualisieren" nicht auf eine Individualisierung der Notlage, sondern auf eine personenorientierte Sichtweise (vgl. Frey 2005:89).

gängigen Wissenschaftsbetrieb, in dem nicht die „Freude am Entdecken neuer, noch nicht durch so viele Lehrbücher und Schülerhände gegangener Tatsachen" (Arlt 1958:125f) an der Tagesordnung steht, sondern die Verwaltung vorhandener Wissensbestände.

Auf sozialpolitischer Ebene sollte die Fürsorgewissenschaft die Erforschung der Vergangenheit leisten, um Historikern/innen und Sozialpolitikern/innen Hinweise für die Entwicklungstendenzen der Zukunft zu geben (vgl. Arlt 1958:55). Dies kann man als (auch wenn in heutigen Zeiten naiv anmutende) Hoffnung auf sozialpolitische Einflussnahme deuten. Politisch ist Arlts Ansatz aber auch insofern, da sie (implizit) von einem Recht auf Erfüllung der – zumindest 13 – Bedürfnisse des Menschen ausgeht. Die Fürsorge hätte dort einzugreifen, „wo die Bedürfnisbefriedigung von Menschen wesentlich hinter dem zum Gedeihen Notwendigen zurückbleibt" (Arlt 1921:5ff; zit. nach Staub-Bernasconi 1996:26) – und zwar auf möglichst schöpferische Weise.[19] Festhalten möchte ich zudem, dass Arlt in dem ungemein umfassenden Konzept einer Fürsorgewissenschaft derart viele, auch sehr heikle, Themen berührt, sodass sie sich keinesfalls als unpolitische Autorin begreifen lässt.[20]

Es gäbe noch einige Anknüpfungspunkte zu erwähnen, z.B. die Ansätze einer Gemeinwesenorientierung bzw. von Selbstorganisation.[21] Nicht zuletzt sei angemerkt, dass Arlt mit ihrer Schulgründung einen wichtigen Beitrag zum Empowerment von Frauen leistete, weil diese durch die Ausbildung zu Fürsorgerinnen erwerbstätig sein und daher ökonomisch eigenständig sein konnten.

---

19 Arlt setzte sich dafür ein, dass „auch bei äußerst knappen finanziellen Mitteln die Strukturen und Hilfsprogramme der Fürsorgeorganisationen schöpferische Antworten auf unhintergehbare menschliche Bedürfnisse sein sollten, anstatt von den Bedürftigen Bedürfniseinschränkung und Anpassung an die vorhandenen Ressourcen und Programme zu fordern" (Staub-Bernasconi 1996:28).
20 Allerdings bin ich weder auf explizit politische Forderungen gestoßen, noch auf umfassend ausgearbeitete sozialpolitische Vorschläge. Dies gilt nur für die von mir rezipierten Texte; siehe hierzu die Literaturliste.
21 So lobt sie den Rechtsanspruch auf Hilfeleistungen, beklagt jedoch den Mangel an „kleinen Liebesdiensten" der Umgebung (vgl. Arlt 1958:20), tritt für eine „Art Außendienst der Krankenkassen" ein (vgl. ebd.:20), ist bedacht darauf, dass in „manchem Volksteil", in dem gegenseitige Hilfe eine Selbstverständlichkeit sei, neue Institutionen nicht kontraproduktiv wirken (ebd.:30).

Literatur

Zu Empowerment:

Bünder, Peter (2002): Geld oder Liebe? Verheißungen und Täuschungen der Ressourcenorientierung in der Sozialen Arbeit. Münster.

Herriger, Norbert (1997): Empowerment in der Sozialen Arbeit. Eine Einführung Stuttgart/Berlin/ Köln.

Saleebey, Dennis (Hg.) (1997): The Strengths Perspective in Social Work Practice. New York [u.a.]

Stark, Wolfgang (1996): Empowerment. Neue Handlungskompetenzen in der psychosozialen Praxis. Freiburg im Breisgau.

Swift C./Lewin G. (1987): Empowerment. An emerging mental health technology. In: Journal of Primary Prevention 1-2/1987, 71-94.

Von Ilse Arlt:

Arlt, Ilse (1910): Thesen zur sozialen Hilfstätigkeit der Frauen in Österreich. In: Glaser, Arthur: Die Frau in der österreichischen Wohlfahrtspflege. 61-61, Kopenhagen.

Dies. (1921): Die Grundlagen der Fürsorge. Wien.

Dies. (1929): Armutsforschung als Grundlage des Fürsorgeunterrichtes. In: Blätter des Deutschen Roten Kreuzes. Wohlfahrt und Sozialhygiene. 1 (8) 29-32, Berlin.

Dies. (1931): Exakte Armutsforschung als Hilfsmittel in der Fürsorgekrise. In: Keller, Franz (Hg.) (1932): Jahrbuch der Caritaswissenschaft. 65-75, Freiburg im Breisgau.

Dies. (1932): Planmäßige Armutsforschung. In: Soziale Praxis. Centralblatt für Sozialpolitik. 51/52 (41) 1633-1638, Berlin.

Dies. (1958): Wege zu einer Fürsorgewissenschaft. Wien.

Zu Ilse Arlt:

Ertl, Ursula (1995): Studien zur Biographie der wenig bekannten Wissenschaftlerin und Begründerin der Fürsorgeausbildung in Österreich. Diplomarbeit an der Fachhochschule Würzburg – Schweinfurt – Aschaffenburg. Fachbereich Sozialwesen.

Frey, Cornelia (2005): „Respekt vor der Kreativität des Menschen" – Ilse Arlt: Werk und Wirkung. Opladen.

Staub-Bernasconi: Lebensfreude dank einer wissenschaftsbasierten Bedürfniskunde – Aktualität und Brisanz einer fast vergessenen Theoretikerin Sozialer Arbeit: Ilse Arlt (1876 bis 1960). In: Sozialarbeit. Fachblatt des schweizerischen Berufsverbandes diplomierter SozialarbeiterInnen und SozialpädagogInnen. Heft 5, 1996, 18-31, Bern.

Die Frage des Wie.
Ein Aspekt von Qualität in der Dienstleistungserbringung am Beispiel Fremdunterbringung

Johannes Pflegerl

1. Einleitung

Wenn hier über zentrale Ergebnisse eines vor kurzem im Rahmen der EQUAL EntwicklungspartnerInnenschaft Donau. Quality in Inclusion abgeschlossenen F&E Projektes berichtet wird, so lassen sich jetzt im Nachhinein erstaunliche Querverbindungen zu zentralen Leitgedanken von Ilse Arlt herstellen, die möglicherweise generell einen Anfang für noch zu vertiefende und zu präzisierende Überlegungen über die Qualität in der Dienstleistungserbringung im Prozess der Fremdunterbringung darstellen könnten. Zunächst möchte ich allerdings auf den Hintergrund unserer Forschung eingehen und einige zentrale Ergebnisse herausstreichen.

2. Die Frage nach Qualität im Bereich Jugendwohlfahrt

Ausgangspunkt für die gesamte EntwicklungspartnerInnenschaft Donau. Quality in Inclusion waren Fragen nach der Qualität im Bereich der Sozialen Arbeit. Nun lässt sich feststellen, dass dies generell betrachtet keine neuen Fragen für diese Profession sind. So wird immer wieder darauf verwiesen, dass die Arbeit an den Methoden, also an der Qualität der Sozialarbeit so alt wie die Profession selbst ist. (vgl. Müller 1988:18 zit. in EntwicklungspartnerInnenschaft Donau. Quality in Inclusion 2006:8)

Im letzten Jahrzehnt hat sich allerdings der Akzent der Debatte deutlich verschoben. Als Folge sozial- und wohlfahrtsstaatlicher Veränderungen, in der eine zunehmend knapper werdende finanzielle Ausstattung sozialer Dienstleistungen erfolgt, wird die Qualität sozialer Dienstleistungen zunehmend mehr unter den Prämissen der betriebswirtschaftlich verstandenen Begriffe Effizienz und Effektivität definiert. Das heißt, dass die Lösung der Frage nach guter Qualität mehr und mehr im Denken und in den Leitprinzipien der Betriebswirtschaft gesucht wird. Gute Qualität sozialer Dienstleistung ist nach diesem Verständnis vor allem dadurch gekennzeichnet, dass mit einem möglichst günstigen Mitteleinsatz eine möglichst große Wirksamkeit erzielt werden soll. Diese Wirksamkeit wird versucht an messbaren Faktoren festzumachen.

Als Folge davon ist es in den letzten Jahren auch auf staatlicher Ebene verstärkt zu Veränderungen im Bereich der Vergabe von Aufträgen gekommen. Zunehmend wird angestrebt, durch öffentliche Ausschreibungsverfahren nach Wettbewerbsprinzipien ein Maximum an Leistung zu möglichst günstigen Preisen zu erlangen. Wie am Beispiel der Vergabe der Flüchtlingsbetreuung in Traiskirchen/NÖ an den privaten Anbieter European Homecare deutlich wurde, besteht dabei die Gefahr, dass fachliche Aspekte von Qualität in den Hintergrund treten.

Eine ähnliche wie die zuvor aufgezeigte Entwicklung lässt sich auch für den Bereich der Jugendwohlfahrt beobachten. Einrichtungen der stationären Jugendwohlfahrt werden zunehmend damit konfrontiert, ihre Dienstleistungserbringung an nachvollziehbaren Qualitätskriterien auszurichten und transparent zu legitimieren (vgl. Merchel 2000:12). Der steigende Druck, für das eigene fachliche Handeln einen anerkannten Qualitätsnachweis zu erbringen, hat allerdings zu kritischen Debatten darüber geführt, inwieweit ursprünglich aus industriellen Kontexten stammende Konzepte der Qualitätsentwicklung überhaupt geeignet sind, auf das hochkomplexe Handlungsfeld der Jugendwohlfahrt übertragen zu werden, in der die Dienstleistungserbringung nicht in gleicher Weise technisiert organisiert werden kann (vgl. Merchel 1999:20-24). Daraus wurde jedoch die Notwendigkeit deutlich, eigene adäquate Modelle zum Nachweis einer qualitativen Dienstleistungserbringung zu entwickeln, in der die Charakteristika des Handlungsfeldes zentrale Berücksichtigung finden.

Aus diesem Grund wurde im Zusammenhang mit der Debatte um Qualität neben kritischer Ablehnung auch auf die Chance verwiesen, die fachliche Qualität der eigenen Arbeit strukturiert weiter zu entwickeln (vgl. Merchel 2000:13). Insofern wird in der aktuellen Qualitätsdiskussion auch ein „großes fachliches Innovationspotenzial" (Hansbauer 2005:359) gesehen. Ob dieses genutzt wird, hängt allerdings davon ab, ob es gelingt, wesentliche Aspekte von Qualität entsprechend zu berücksichtigen. Dies bedeutet u. a. auf wichtige Kriterien wie etwa die Bereitstellung von geeigneten Räumlichkeiten oder fachlich hoch qualifiziertem Personal zu achten, das methodisch nach neuesten professionellen Standards arbeitet. Es geht, wie Hansbauer (2005:359) betont, auch darum, Eigenschaften, die ganz wesentlich die Beziehungsebene zwischen Fachkräften und Jugendlichen betreffen, zentral zu berücksichtigen.

Ohne hier näher auf Details eingehen zu können, lässt sich in der Debatte über Qualitätsstandards in der Fremdunterbringung kurz zusammengefasst ein gewisser Konsens darüber erkennen, Qualität als Konstrukt zu sehen, das sowohl eng mit den Wertvorstellungen der daran beteiligten StakeholderInnen als auch der Gesellschaft verknüpft ist. Dies hat zur Folge, dass Qualitätsstandards in der Jugendwohlfahrt – wenn überhaupt – nur sehr bedingt als objektivier- und standardisierbar betrachtet werden (vgl. Gissel Palkovich 2006, Merchel 200:16). Eine wesentliche Konsequenz daraus ist, dass es sich bei der Qualitätsentwicklung um einen Aushandlungsprozess zwischen verschiedenen InteressensträgerInnen handelt. Um zu adäquaten Qualitätskriterien zu kommen, die die komplexen Charakteristika des Handlungsfeldes auch entsprechend erfassen, wird daher immer wieder auf die Notwendigkeit nach einem dialogisch, prozesshaft und jugendhilfepolitisch sensibel ausgerichteten Zugang zur Qualitätsentwicklung hingewiesen. Eine dialogische Herangehensweise impliziert dabei, die Sichtweisen und Interessen aller beteiligten StakeholderInnen, insbesondere jene der betroffenen Kinder und Jugendlichen sowie deren relevanten Angehörigen entsprechend zu berücksichtigen (vgl. Merchel 2000:31).

3. Das Projekt Qualität im Prozess der Fremdunterbringung

Das Projekt „Qualität im Prozess der Fremdunterbringung" hat diese Prämissen als Ausgangspunkt genommen. Zielsetzung war, Kriterien für eine qualitätsvolle Betreuung von Kindern und Jugendlichen in Heimen oder Wohngemeinschaften zu entwickeln, indem die Sichtweisen der beteiligten Kinder und Jugendlichen und deren Angehörigen zentral berücksichtigt wurden. So wurde die Entwicklung der Qualitätskriterien nicht von einem wissenschaftlichen Team alleine durchgeführt, sondern in einem dialogischen Prozess in Zusammenarbeit mit unterschiedlichen StakeholderInnen, darunter Professionisten/innen aus der Praxis und den Jugendwohlfahrtsbehörden aus Niederösterreich, Oberösterreich und dem Burgenland erarbeitet und im Verlauf des Projektes zur Diskussion gestellt. Sowohl in der Erhebungs- als auch Auswertungsphase waren sehr erfahrene PraktikerInnen von „Rettet das Kind NÖ" und einer kleinen sozial-therapeutischen Wohngemeinschaft zentral beteiligt.

In einem ersten Schritt wurde anhand von 16 Einzelfällen jeweils der Gesamtprozess von Fremdplatzierung, Erziehung und Alltagsgestaltung in Heimen oder Wohngemeinschaften sowie die Rückführung auf die Bedingungen seines Gelingens analysiert. Dazu wurden sowohl aktuell von Fremdunterbringungsmaßnahmen betroffene als auch bereits wieder in ihre Familie zurückgekehrte

Kinder und Jugendliche mit Hilfe von narrativen Interviews dazu angeregt, über ihr Erleben der Zeit vor und während bzw. auch nach Beendigung der Maßnahme zu erzählen. Weiters wurden die jeweils relevanten Angehörigen, die BetreuerInnen der Kinder und Jugendlichen in den Fremdunterbringungseinrichtungen als auch die fallführenden SozialarbeiterInnen des Jugendamtes über ihre Sichtweise des Fallverlaufes befragt. Ergänzt wurde diese durch eine Analyse der dazugehörenden Akten. Dies ermöglichte eine umfassende Analyse über den jeweiligen Fall aus unterschiedlichen Perspektiven.

In einem an die Methodologie der Grounded Theory (vgl. Strauss 1994) angelehnten Verfahren der Fallkontrastierung wurden in der Folge diese Thesen dahingehend überprüft, inwieweit sie fallübergreifende Relevanz haben und in der Folge durch weitere aus anderen Fällen generierte Thesen erweitert. Diese waren die Basis für die Entwicklung von Qualitätskriterien, die mit unterschiedlichen StakeholderInnen, darunter Professionisten/innen aus der Praxis und VertreterInnen der Jugendwohlfahrtsbehörden aus Niederösterreich und dem Burgenland u. a. in Workshops diskutiert wurden.

Die Entscheidung, die Sichtweise der beteiligten Kinder und Jugendlichen und deren Eltern anhand von konkreten Einzelfällen zentral in den Blick zu nehmen und dabei die Sichtweise der Beteiligten systematisch aufzuarbeiten, hat die Möglichkeit eröffnet, insbesondere jene Bedürfnisse zu entdecken und verstehen zu lernen, die für die NutzerInnen der Maßnahme selbst von zentraler Bedeutung sind. In der Rückschau ist erstaunlich, dass wir mit diesem Ansatz - ohne es explizit zu wissen - einer zentralen Forderung von Ilse Arlt gefolgt sind. In „Wege zu einer Fürsorgewissenschaft" hat sie bereits 1958 die dringlich formulierte Frage gestellt:

„Wann endlich wird, der in seinen Notwendigkeiten und individuellen Möglichkeiten genau erkannte einzelne Mensch im Mittelpunkt der Betrachtung stehen und nicht das Gefüge der Fürsorge". (Arlt 1958:20).

Im Angesicht dieser klar formulierten Aussage kommt allerdings Betroffenheit auf, wieso in der Forschung dieser Zugang erst in jüngster Zeit verstärkt als verfolgenswert propagiert und auch erst in neueren Projekten tatsächlich offensiv beschritten wird.

4. Zentrale Ergebnisse. Das Wie des Umgangs

Betrachtet man die für die Entwicklung dieses Leitfadens erhobenen Fälle von Fremdunterbringungsprozessen in einer gemeinsamen Zusammenschau, so zeigt sich deutlich, dass sowohl für Kinder und Jugendliche als auch deren familiäre Bezugspersonen im gesamten Prozessverlauf die Art und Weise, wie mit ihnen umgegangen wird, im Vordergrund steht. Von essenzieller Bedeutung für die Kinder und Jugendlichen ist es, in jeder Phase des Prozesses mit Respekt und akzeptierend behandelt zu werden. Dies kann zunächst einmal als professionelle Selbstverständlichkeit angesehen werden, stellt aber die beteiligten Professionisten/innen in schwierigen Situationen vor besondere Herausforderungen. Wir haben daher im Leitfaden diese Fragen des Umgangs in jeder Phase vorangestellt und ihnen den Titel „Eine Frage der Haltung – Eine Frage der Gestaltung" gegeben.

Umgesetzt auf die Phase der Vorbereitung einer Unterbringung haben sich in diesem Zusammenhang einige wichtige Faktoren als bedeutsam herausgestellt:

> Von besonderer Bedeutung ist es sowohl für die Kinder und Jugendlichen als auch deren Angehörigen, sie in einer für sie nachvollziehbaren und verständlichen Art und Weise über alle relevanten Schritte zu informieren. Wenn dies in sensibler Art und Weise erfolgt, dann – so haben die Fälle gezeigt – können sowohl die beteiligten Kinder als auch deren familiäre Angehörige die Maßnahme leichter akzeptieren.

> Eine aktive Beteiligung an allen relevanten Entscheidungen im Vorfeld einer Fremdunterbringung, unterstützt kreative und passgenaue Lösungsstrategien und erhöht die Akzeptanz der Maßnahme.

> Für einen gelingenden weiteren Verlauf hat sich als bedeutsam herausgestellt, Kindern von Anfang an die Möglichkeit zu bieten, tragfähige Vertrauensverhältnisse zum/zur fallzuständigen SozialarbeiterIn, zu den Fachkräften und zu anderen Kindern und Jugendlichen in den Fremdunterbringungseinrichtungen aufzubauen. Wichtig ist es, die bisherige Lebensweise im Herkunftssystem, vor allem die Erfahrungen der Kinder und Jugendlichen mit und in dieser Lebensweise, wertzuschätzen, auch wenn Mängel aufgezeigt werden.

Auch während der Zeit der Unterbringung ist ein respektvoller Umgang mit den beteiligten Jugendlichen von zentraler Bedeutung.

> Die Analyse der Fälle hat deutlich werden lassen, wie wichtig es für die Kinder und Jugendlichen ist, Offenheit und Interesse für ihre Wünsche und Anliegen zu zeigen. Zudem wurde deutlich, dass es nicht ausreicht, dies ausschließlich in alltäglichen Situationen oder Konflikten zu zeigen, sondern ebenso entscheidend ist eine respektvolle und akzeptierende Grundhaltung insbesondere in beinahe unlösbaren Konfliktsituationen. Für Einrichtungen kann dies mitunter eine enorme Herausforderung bedeuten bzw. lässt es sie an die Grenzen des Tragbaren stoßen, wenn beispielsweise Jugendliche in der Pubertät die Grenzen der Institution ausloten, unnachgiebig rebellieren oder psychische Auffälligkeiten deutlich werden. Häufig geht es für die Jugendlichen um die Frage: „Wie lange steht ihr wirklich hinter mir?" Für die Einrichtung stellt sich dann wiederum die Frage: „Wie lange können wir das aushalten?"
An konkreten Fällen in der Erhebung wurde deutlich: Wenn es dessen ungeachtet gelingt, in sehr schwierigen Konfliktsituationen Kindern und Jugendlichen respektvoll zu begegnen und sich als verlässlicher Partner zu präsentieren, kann dies ihre persönliche Weiterentwicklung sehr stark und nachhaltig fördern.

Auch in Bezug auf das Verlassen einer Fremdunterbringungseinrichtung entweder in Hinblick auf eine Verselbstständigung oder auf eine Rückkehr in die Familie hat die Analyse der Fälle gezeigt, wie wichtig ein auf die Jugendlichen eingehender Umgang ist.

> In diesem Zusammenhang hat sich als entscheidend herausgestellt, wie wichtig es ist, gemeinsam mit den Jugendlichen eine für sie tragfähige Lebensperspektive zu entwickeln, indem eingehend auf sie Rücksicht genommen wird.

Insgesamt weisen die genannten Bedürfnisse der Jugendlichen auf eine spezifische Dimension von Qualität hin, auf die Hansbauer (2004) im Kontext ähnlicher Untersuchungen mit vergleichbaren Ergebnissen aufmerksam gemacht hat. Er differenziert in diesem Zusammenhang zwischen dem „Was" und dem „Wie" einer Dienstleistung. Das „Was" einer Dienstleistung bezeichnet vor allem technische, am Ergebnis orientierte Merkmale. Auf den Prozess der Fremdunterbringung übertragen bedeutet dies etwa die Durchführung konkreter sozialpädagogischer Maßnahmen nach fachlichen Kriterien, wie etwa die Realisierung einer Freizeitaktivität. Die zweite Dimension betrifft das „Wie" und beschreibt die Ebene der Umgänglichkeit bei der Dienstleistungserbringung (vgl. Hansbauer 2004:362). So kann eine Dienstleistung aus fachlicher Sicht korrekt und qualitätvoll durchgeführt und dennoch von einzelnen Beteiligten als nicht qualitätvoll wahrgenommen werden, weil etwa ihre Interessen nicht entsprechende Berücksichtigung fanden. Dies bedeutet in der Folge auch, dass formal ähnlich gestaltete Situationen von NutzerInnen generell unterschiedlich wahrgenommen werden können. Auf den Kontext der Fremdunterbringung übertragen kann darunter etwa die Art und Weise, wie dabei auf die Bedürfnisse der Kinder und Jugendlichen eingegangen wird, verstanden werden.

Aus Sicht der Jugendlichen im Kontext der Fremdunterbringung scheinen Aspekte des „Wie" generell im Vordergrund zu stehen. Darauf weisen die im Rahmen des Projektes „Qualität im Prozess der Fremdunterbringung" erzielten Ergebnisse hin. Dies bedeutet in der Folge allerdings auch, dass man mit einer auf bloße Standardisierung von Prozessen abzielenden Qualitätsentwicklung und Qualitätsdiskussion diesen Bedürfnissen der Jugendlichen nicht gerecht werden kann.

Daraus ergibt sich die Frage, wie es in der Praxis gelingen kann, den von den Jugendlichen als zentral geäußerten Bedürfnissen nach einem auf sie eingehenden Umgang auch tatsächlich zu entsprechen. Denn für die in diesem Feld tätigen Fachkräfte stellen die genannten Bedürfnisse eine sehr hohe Herausforderung dar und weisen darauf hin, dass hohe fachliche und persönliche Kompetenz gefragt ist, um den Kindern und Jugendlichen in unterschiedlichen, mitunter auch sehr schwierigen, Situationen tatsächlich adäquat gerecht werden zu können.

Ein möglicher Weg wird in der Auseinandersetzung mit Ilse Arlts Zugangsweise deutlich. Sie hat schon sehr früh Möglichkeiten aufgezeigt, wie es gelingen kann, angemessene Hilfsschritte zu entwickeln. Ausgehend von dem bereits erwähnten Appell, die Erkenntnisse dieser Bedürfnisse in den Mittelpunkt zu stellen, hat sie Wege aufgezeigt, wie sich das umsetzen lässt. Als Ausgangsbasis plädiert sie dabei immer wieder für ein „haarscharfes Erfassen" (Arlt 1958:54) des Einzelfalles. Das wird bereits in frühen Schriften deutlich. Bereits 1923 schreibt sie in „Die Gestaltung der Hilfe":

„Um helfen zu können muss der Fürsorger jeden Fall klar erfassen. Seine Auffassung wird sich zusammensetzen: aus dem Urteil über die Persönlichkeit des Hilfsbedürftigen und aus dem über die Not. Letzteres Urteil beruht entweder auf den Erscheinungsformen der Not oder auf ihrem Inhalt." (Arlt 1923:72)

Noch schärfer wird der Appell nach dem richtigen Erfassen des Einzelfalles als Basis für die Erlangung systematischer über den Einzelfall hinausgehender Erkenntnis 37 Jahre später von ihr formuliert:

> „Das dringendste also ist, das genaue Erfassen des Einzelfalles vorzubereiten. Solange das nicht geschieht, ist es so, als würde die medizinische Statistik Blattern und Nesselausschlag zusammenwerfen." (Arlt 1958:54)

Die Genauigkeit, die sie dabei insgesamt fordert, zielt nicht darauf ab, Akribie etwa nur aus Gründen bürokratischer Selbstlegitimation an den Tag zu legen. Die geforderte Genauigkeit resultiert aus ihrer Überzeugung, nur so dem Menschen adäquat gerecht werden zu können.

Erst wenn es gelingt, den Einzelfall in seiner ganzen Komplexität adäquat zu erfassen – so könnte man Arlts Logik weiter folgen – ist es in der Folge tatsächlich möglich, adäquate Vorgehensweisen im Umgang mit den Hilfebedürftigen zu entwickeln, die ihren Bedürfnissen auch tatsächlich gerecht werden, und ihnen erfahrbar werden lassen, in ihrer Bedürftigkeit auch tatsächlich verstanden worden zu sein.

Unsere Forschungsarbeit zusammenschauend, ist dieser Zusammenhang tatsächlich auch sehr deutlich geworden. In jenen Fällen, in denen es den beteiligten Sozialarbeitern/innen der behördlichen Jugendwohlfahrt und den BetreuerInnen in den Fremdunterbringungseinrichtungen gelungen ist, ein vertieftes Verständnis über die Bedürfnisse der Kinder und Jugendlichen zu erlangen, war es auch möglich Handlungen zu setzen und Formen des Umgangs mit ihnen zu entwickeln, die letztlich Wirkung zeigten. In manchen Fällen waren diese mitunter ungewöhnlich. In anderen Fällen, in denen dieses genaue Erfassen aus strukturellen Gründen wie etwa mangelnden Ressourcen auf Seiten der Jugendwohlfahrtsbehörde oder aufgrund von Versäumnissen von beteiligten ProfessionistInnen nicht erfolgte, ist es mitunter zu krassen Fehlentscheidungen gekommen.

Besonders eindrucksvoll zeigt sich das in einem Fall, der sehr deutlich macht, welche positive Wirkung in einer für die beteiligte Institution schwierigen Konfliktsituation erreicht werden konnte. Dies gelang deshalb, weil die MitarbeiterInnen in der Fremdunterbringungseinrichtung die Bedürfnisse der Jugendlichen genau erkannt haben und dann damit für das Mädchen glaubhaft respektvoll und akzeptierend umgehen konnten.

In diesem Fall geht es um ein 17-jähriges Mädchen mit Migrationshintergrund, das im Alter von 15 Jahren, nach – von ihr berichteten – Gewaltvorfällen durch den Vater, sehr rasch außerfamiliär untergebracht wird. Im

Heim ist das Mädchen in den Nächten immer wieder abgängig, weshalb die Maßnahme schließlich abgebrochen wird. Sie wird in der Folge in ein Krisenzentrum überwiesen, aus dem sie unmittelbar nach der Unterbringung wieder abgängig ist. In der Folge verbleibt sie für zwei Wochen in einer Notschlafstelle. Zu diesem Zeitpunkt scheint der Fall bereits ziemlich aussichtslos. In der Zwischenzeit gelingt es jedoch einen Platz in einem zweiten Heim zu finden. In enger Kooperation mit den BetreuerInnen der Notschlafstelle, zu denen sie Vertrauen entwickelt hat, kann sie überzeugt werden, den Betreuungsplatz im zweiten Heim anzunehmen. Dort zeigt sie allerdings wieder ein ähnliches Verhalten und sie lehnt sich massiv gegen die dort gültigen Regeln und die BetreuerInnen auf. Trotz dieser Schwierigkeiten, die in der ersten Fremdunterbringungseinrichtung zum Abbruch der Maßnahme führten, gelingt es in der zweiten Fremdunterbringungseinrichtung, mit der Jugendlichen zurande zu kommen. Die MitarbeiterInnen erkennen, dass sie insgesamt nach ihren bisherigen Erlebnissen wahrscheinlich nicht anders als mit Rebellion reagieren konnte. Sie verstehen es in der Folge, das Verhalten der Jugendlichen „auszuhalten" und sie in weiterer Folge durch sehr intensive Betreuung mehr in den Heimalltag zu integrieren. Die Einrichtung steht dabei vor einer nicht leicht zu bewältigenden Zerreißprobe, sowohl dem Wohl der ganzen Gruppe als auch dem Wohl des Mädchens gerecht zu werden.

Es gelingt jedoch, eine positive Wendung in dem Fallverlauf zu erreichen, indem die Fachkräfte der Einrichtung auf die Liebesbeziehung zwischen ihr und einem untergebrachten Jungen akzeptierend reagieren. Diese Beziehung trägt wesentlich dazu bei, das Mädchen zum Verbleib in der Einrichtung zu motivieren und ihren Integrationswillen zu unterstützen. In der Folge haben sich auch positive Folgen für die berufliche Entwicklung der Jugendlichen ergeben.

Dieser Fall ist insofern eindrucksvoll, weil er eine positive Wende nimmt, nachdem er zunächst bereits gescheitert schien. Abstrahierend betrachtet könnte man folgende These daraus ableiten: Wirksamkeit von Hilfe konnte sich in diesem zunächst scheinbar aussichtslosen Fall ab dem Moment entfalten, ab dem es gelungen ist, auf die erkannten individuellen Bedürfnisse des Mädchens adäquat zu reagieren. Glaubhaft vermittelt wurde ihr das durch die Art und Weise des Umgangs mit diesen individuellen Bedürfnissen, konkret durch deren respektvolle Akzeptanz.

5. Resümee. Ein neues Verständnis von Wirksamkeit ?

Abschließend in Bezugnahme auf die zuvor aufgezeigten Zusammenhänge einige die Qualitätsentwicklung von Jugendhilfe generell betreffende Fragen:

Wenn für die Kinder und Jugendlichen in einer Fremdunterbringung ein adäquater Umgang mit ihren Bedürfnissen so zentral ist, wie sich in der Forschungsarbeit über Qualität im Prozess der Fremdunterbringung herausgestellt hat, braucht es dann nicht auch ein erweitertes Verständnis des Begriffes Wirksamkeit?

Diese wird im Kontext von Jugendwohlfahrt vor allem am Ergebnis festgemacht: d.h. etwa daran bestimmt, inwieweit es durch eine Maßnahme wie der Fremdunterbringung gelingt, den Jugendlichen zu einem Schulabschluss zu verhelfen, sie erfolgreich in den Erwerbsprozess zu integrieren oder sie zum selbständigen Wohnen zu befähigen.

Aber besteht durch diese Zugangsweise nicht die Gefahr einer Verengung wenn der Blick bloß auf diese äußeren, gesellschaftlich erwünschten Erfolgsfaktoren gelegt wird?

Bräuchte es als Alternative nicht eher ein Verständnis von Wirksamkeit, das vielmehr auf den Prozess der Hilfeleistung ausgerichtet ist: d.h. sich daran orientiert, inwieweit es gelingt, zunächst die Bedürfnisse der individuell Beteiligten in ihrer Komplexität zu erfassen, die Hilfsmaßnahmen entsprechend darauf zu fokussieren und umzusetzen?

Dies ist kein leichtes und ein aufwendiges Unterfangen, das mit einer rezeptartigen Vorgehensweise nicht erreichbar ist.

Vielmehr ist wie erwähnt ein hohes Maß an Erkennen und Verstehen, ein beständiges Forschen und beständige Reflexion über jeden Einzelfall erforderlich.

Aber ist so ein Weg nicht insofern lohnender, weil er letztlich dem gerecht wird, was Ilse Arlt mit „Die Ganzheit des Lebens hat beständig vor uns zu stehen, der Mensch als Ausgangspunkt und als Ziel unserer Arbeit" (Arlt 1958:61) gemeint hat?

Insgesamt bleibt es wahrscheinlich ein utopischer Zugang angesichts immer stärker werdender Tendenzen nach betriebswirtschaftlicher Logik, möglichst viele Fälle in möglichst kurzer Zeit zu erledigen. Er ist mitunter auch sehr mühsam, aber er ist förderlich für das *„Gedeihen"* der Beteiligten nach Arlts Terminologie, wie an Einzelfällen aus dem Projekt „Qualität im Prozess der Fremdunterbringung" überzeugend deutlich wurde.

Literatur

Arlt, Ilse (1923): Die Gestaltung der Hilfe. Wien.

Arlt, Ilse (1958): Wege zu einer Fürsorgewissenschaft, Wien.

EntwicklungspartnerInnenschaft Donau. Quality in Inclusion (2006): Qualitätsdebatte in der Sozialarbeit. Leittext des Modul 1. St.Pölten-Wien (unveröffentlichter Zwischenbericht)

Gissel-Palkovich, Ingrid (2006): Qualität in der Fremdunterbringung. Merkmale eines umfassenden Qualitätsentwicklungskonzeptes für die Jugendhilfe. Vortrag gehalten im Rahmen der Fachtagung. „Wirds dann besser. Qualitätsstandards im Verlauf der Fremdunterbringung" am 13.6. 2006 in St. Pölten

Hansbauer, Peter (2004): Partizipation als Merkmal von Dienstleistungsqualität in der Jugendhilfe. In: Beckmann, Christof/Otto, Hans-Uwe/Richter, Martina/Schrödter, Mark: Qualität in der sozialen Arbeit. Zwischen Nutzerinteresse und Kostenkontrolle, 1. Auflage, Wiesbaden, S. 357-367

Merchel, Joachim (1999): Qualität in der Jugendhilfe. Kriterien und Bewertungsmöglichkeiten. Münster

Merchel, Joachim (2000): Qualitätsentwicklung in der Erziehungshilfe. Anmerkungen zum Stellenwert der Qualitätsdiskussion und zu ihren methodischen Anforderungen, in: Merchel, Joachim. Qualitätsentwicklung in Einrichtungen und Diensten der Erziehungshilfe. Methoden, Erfahrungen, Kritik, Perspektiven. Frankfurt/Main., S. 11-39

Strauss, Anselm (1994): Grundlagen qualitativer Sozialforschung. München

Ländliche Armut. Theoretische Grundlagen aus der Arlt'schen Bedürfnistheorie

Manuela Brandstetter

Mein Name ist Manuela Brandstetter, ich bin Sozialarbeiterin, habe Soziologie studiert und innerhalb der letzten beiden Jahre hier an der Fachhochschule Forschungs- und Entwicklungsprojekte im und über den ländlichen Raum betreut. In diesem Zusammenhang sowie im Zuge meiner Tätigkeit als so genannte „Front-Line-Sozialarbeiterin" ist mir immer wieder der Begriff *Armut* im ländlichen Raum begegnet. Die Auseinandersetzung damit hat mich auch dazu bewegt, mich wieder eingehender mit den Schriften Ilse Arlts zu beschäftigen, die trotz ihres nahezu historischen Ursprungs von brennender Aktualität für dieses Thema sind.

Ich werde nun versuchen, mich von verschiedenen Seiten dem Thema anzunähern; wissend, dass innerhalb der Sozialwissenschaften „ländliche Armut" nicht als eigenständige Forschungskategorie ausweisbar ist. Zum einen fehle das Unterscheidungskriterium zwischen Stadt und Land und zum anderen mangle es an dem Kriterium, das die spezifisch ländliche Armut trennscharf von der städtischen unterscheidet (Wiesinger 2003:47), so die Kritik.

Mein Vortrag zu einem Thema, das eigentlich in dieser Weise nicht formuliert werden soll, folgt folgenden Etappen:

1. Ich beziehe mich auf die Forschungsergebnisse aus „fachhochschuleigenen Projekten".
2. Ich greife auf zwei empirische Arbeiten zum Thema der „ländlichen Armut" zurück.
3. Es folgen eine soziohistorische Betrachtung von „Armut im ländlichen Raum" sowie
4. eine soziogeographische Definition von „ländlich".
5. Abschließend versuche ich, „Armutsforschung" nach Ilse Arlt zu skizzieren.

119

1. Forschungsergebnisse aus „fachhochschuleigenen Projekten"

Im Projekt „Sozialräumliches Arbeiten in ländlichen Gemeinden NÖ" haben wir mit insgesamt 26 EntscheidungsträgerInnen über die *soziale Lage* ländlicher Gemeinden in Niederösterreich Interviews geführt. Deutlich dabei wurde, dass Fragen der sozialen Unterschiede, der sozialen Benachteiligung und des *sozialen Notstandes* im ländlichen Raum tendenziell KEINE Erörterung finden. Es zeigte sich, dass der/die so genannte „DurchschnittsbürgerIn", die „Normal-bevölkerung" DEN zentralen Ausgangspunkt von politischem und verwaltungs-stechnischem Denken bildet. *Abweichungen* von dieser/m NormalbürgerIn finden nur nach explizitem Nachfragen Erwähnung. Die Gemeinden sprechen *dann* davon, „zu helfen" oder „zuzuschießen" – sobald *solche Fälle* auftreten, sobald der Generationenverbund „versagt" oder die Familie weggebrochen ist.

Die Einschätzungen von BürgermeisterInnen betreffend Armut und sozialer Ungleichheit waren in dieser Hinsicht durchwegs homogen. Ein Beispiel aus einem dieser Interviews:

„Voriges Jahr gab erstmals einen Heizkostenzuschuss von der Gemeinde aus. Ich wollt net provokant sein, sonst hätt ichs eh übers Land gegeben, aber das spar ich mir,.... Das waren Vorjahr 50€, die halt die Gemeinde ganz aus den eigenen Mitteln zahlt. Wenn ich's übers Land spiel, dann müssen die Pensionsbestätigungen bringen. Insgesamt musst bei diesen Pensionen wirklich sehr entbehrlich leben, dass sich das alles ausgeht, Wasser, Kanal Telefon, Fixkosten usw.. Einheizen muss er ja auch. Aber wir machen das heuer wieder, das sind Kleinigkeiten wo man als Gemeinde ein bisserl die älteren Menschen unterstützen kann. Früher hat es Großfamilien gegeben, gibts heut nimmer. In der Landwirtschaft sehr wohl noch, aber alles andere.. Da oben ist so ein Grätzel da sitzen 7 alte Damen auf engstem Raum, das sind private Häuser. Die Häuser haben sie noch, die Kinder sind weg und kommen wanns Glück haben, kommen die alle 14 Tage und dann sind sie wieder weg. So muss halt die Gemeinde zuschießen." (Interview G. Z. 15-19)

Ein Stimmungsbild, wie es uns in dieser Gemeinde begegnete:

Abbildung 1: Schloss Waldkirchen 2005, fotografiert von Ursula Stattler

120

2. Stand der Theorie und Empirie zu „ländlicher Armut"

Trotz der Schwierigkeit, über ländliche Armut zu forschen, fanden sich zwei jüngere Arbeiten dazu. Eine von Chassé aus dem Jahr 1996 und eine von Wiesinger aus 2000.

Die Autoren/innen sind sich in folgendem Punkt einig: Soziale Probleme und insbesondere solche, die nach Armut aussehen, sind in der Regel *„dorffremd"*. Probleme wie Gewalt in der Familie, Sozialhilfebezug und Arbeitslosigkeit treten – nach Auffassung der ländlichen Bevölkerung – meist nur bei den so genannten Zugezogenen auf. Chassé stellt eine *Tendenz der Verleugnung bzw. Verschiebung* bei den einheimischen Politikern/innen fest. *Soziale Probleme haben im dörflichen Kontext mithilfe von bewährten Formen individueller, familialer und dörflicher Hilfe erfolgreich bearbeitet zu werden* – so sein zentrales Ergebnis.

Auch Wiesinger beschreibt die Forschungsrelevanz seiner Studie „Armut im ländlichen Raum" (2000) in einer ähnlichen Weise. Es sind die konkreten *Wirkungen* und *Folgen* von Armut, die die Besonderheit des ländlichen Raums ausmachen. Insbesondere geht es um die Kategorie der *Scham*, welche die ländliche Armut im Vergleich zur städtischen ungleich erschweren.

3. Erklärungen aus soziohistorischer Sicht

Auch die Sozialgeschichte unternimmt Versuche, ländliche Not als Phänomen zu beschreiben und auch das, was die Scham der Armen ausmacht, zu erklären. Autoren/innen wie Jeggle/Ilien (1978:46) beschreiben die so genannte „Not- und Terrorgemeinschaft" des bäuerlichen Dorfes, in der das Individuum traditionellerweise auf Solidargemeinschaften angewiesen war. Die Gemeinde war – sozio-historisch gesehen – erst dann als Solidargemeinschaft betroffen, wenn ein allein stehender Mensch oder eine Familie sich aufgrund von Armut oder Krankheit (die den Ausfall der Arbeitskraft bedeutete) nicht mehr selbst helfen konnte und auch niemand aus der Verwandtschaft zu seiner Hilfe fähig war. Beispielsweise in Institutionen wie dem Armenhaus musste die ganze Gemeinde einen Armen bzw. Arbeitsunfähigen versorgen. Der solchermaßen Betroffene fiel damit der Gemeinschaft zur Last, da er die mageren Früchte ihrer harten Arbeit schmälerte. Ein Armer oder Arbeitsunfähiger wurde als „Gemeinschaftsschädling" angesehen. (ebd.)

Nach dieser Lesart ist die Ausblendung von Problemen und Notsituationen soziohistorisch in Zusammenhang mit der vormodernen dörflichen Kommunikationsstruktur zu verstehen. Es geht um eine überlieferte und nur mehr zum Teil existierende Mentalität des „Für-sich-selbst-Sorgens". (Chassé 1996:48)

4. Die sozialgeographische Beschäftigung mit der „Not im ländlichen Raum"

Nach Lichtenberger (1989:28) sind BewohnerInnen des ländlichen Raums vorwiegend mit „Defiziten in der Versorgung und vor allem mit Defiziten an gut erreichbaren Arbeitsplätzen konfrontiert. Die Zentrale Orte-Politik im Osten Österreichs hat zu einer Aussiebung von Einrichtungen und Dienstleistungen in den ländlichen Siedlungen beigetragen."

Abbildung 2: Guntersdorf 2005, fotografiert von Ursula Stattler

Sie stimmen mir zu, dass man/frau dieses Bild als „typisch ländlich" identifizieren würde?

Eine Ortschaft im nördlichen Weinviertel mit zwei Hauptverkehrsadern (in der Nähe des Grenzüberganges). Ein Gasthaus und zwei geschlossene Geschäftslokale von Nahversorgern sind vorhanden. In den letzten 10 Jahren wurden dort drei Gewerbebetriebe geschlossen. Aber dafür gibt es vier Tankstellen und eine prächtige Kellergasse. Um den Erhalt der Volksschule ist ein Streit zwischen den drei Umlandgemeinden entbrannt.

Eine Definition des Begriffs „ländlich" zu finden, ist insofern schwierig, als der so genannte ländliche Raum (Gebiete mit überwiegend ruraler Prägung) immer in Kontrastierung zu den Kernräumen der großen Landeshauptstädte (Räume mit ausgeprägtem urbanen Charakter) steht (vgl. Goldberg 1998:19). So sind die Bestimmungen vielfältig und beziehen sich auf qualitative Merkmale ebenso, wie auf quantifzierbar-geographische. So ist nach Kötter (1977:16) mit „ländlich" eine kleine Gemeinde mit „geringer Bevölkerungsdichte, Dominanz der landwirtschaftlichen Tätigkeit, natürlicher Umgebung, Homogenität der Bevölkerung, geringer Stratifizierung und Mobilität sowie Dominanz personaler und informaler Sozialbeziehungen" zu verstehen. Kriterien aus der Raumplanung umfassen Zuschreibungen wie niedrige Bevölkerungsdichte, große Flächenreserven sowie spezifische sozioökonomische und soziokulturelle Strukturen, eine Sozialform der „kulturellen Beharrung" (Chassé 1996:16) sowie „keine Privatheit zulassende Überschaubarkeit" (Jeggle/illien 1978:46).

Während die Kernräume zwischen 1981 und 1991 ihr Bevölkerungswachstum aufgrund von Zuwanderung aufrechterhalten konnten und die Umlandgemeinden und Außenzonen von Zuwanderung und Geburtenbilanz profitierten, so hat die Region „Österreich außerhalb der Stadtregionen" eine negative Wanderungsbilanz zu verzeichnen. Dieser Trend setzte sich – laut Mikrozensus 2001 – bis ins neue Jahrtausend hinaus fort (vgl. Lichtenberger 1989:29).

Zusammenfassend ist anzumerken, dass das, was heute im alltäglichen und statistischen Sprachgebrauch als „Land" bezeichnet wird, völlig heterogene gesellschaftliche Realitäten beschreibt. Insgesamt muss auch der Begriff von „Lokalität" neu und umfassender definiert werden, da sich der Aktionsradius der LandbewohnerInnen zunehmend vergrößert sowie der Alltag sich immer weniger im engen Raum abspielt. Auch das Angebot an Dienstleistungen und Versorgungsaufgaben ist tendenziell zunehmend in überregionalen Zentren vorhanden.

5. Definitionsversuche von Armut

Ähnlich schwierig, wie es ist, „ländlich" definitorisch dingfest zu machen, ist es auch, die „Armut" als Phänomen in harte, trennscharfe Indikatoren zu unterteilen. Die Sozialwissenschaft – allen voran die ökonomisch orientierte – zielt dabei auf Größen wie Vermögen, Besitz oder Einkommen ab. Man versucht auch mithilfe der so genannten Ausgabenarmut (vgl. Lutz et. al. 1993:15), die den Einsatz der zur Verfügung stehenden Mittel misst und so genannte Wohlstandsindikatoren (zum Beispiel das Vorhandensein eines Kühlschrankes, eines Telefons etc.) nennt, zu einer Definition von Armut zu gelangen.

Die so genannten „Mehr-Indikatoren-Modelle" (Lutz ebd.) zur Erfassung von Armut zählen auch nachstehende Faktoren:

- den Wohnungsstandard,
- die Ausstattung des Haushalts (zum Beispiel mit Haushalts- und Freizeitgeräten, Auto etc.)
- die Umweltbedingungen und -belastungen am Arbeitsplatz
- die Arbeitsbedingungen
- die Bildung
- die sozialen Kontakte
- die Freizeit- und Urlaubsgestaltung
- die soziale Absicherung
- die finanzielle Absicherung
- die Zeitverwendung etc.

In Österreich dominieren gegenwärtig folgende Entwicklungslinien in der Armutsberichterstattung: man konzentriert sich vorwiegend auf ausgewählte Zielgruppen oder auf einzelne Bundesländer oder auf bestimmte Haushaltstypen (von Alleinerziehern/innen, Einkommensgestützten, mit mehreren Kindern etc.). Lutz (1993:19) hebt hervor, dass keine Repräsentativerhebungen für das gesamte Bundesgebiet vorliegen.

Die Armutsbegriffe in ihrer Verschiedenheit (Wiesinger 2003:50) noch einmal zusammengefasst:

Mit der absoluten Armut wird die Gefährdung des physischen Existenzminimums beschrieben. Es geht mehr oder minder um eine Vorwegnahme physischer Subsistenz als Grundlage, und folglich um Indikatoren wie täglicher Kalorienbedarf, Obdach, Kleidung, Gesundheitspflege etc. Der Begriff der absoluten Armut ist insbesondere in Industriestaaten von mäßigem Erkenntniswert.

Die relative Armut als relative, gesellschaftliche und soziale Ungleichheit bedeutet einen impliziten Vergleich mit anderen Bevölkerungsgruppen im Hinblick auf ein zu definierendes soziokulturelles Existenzminimum. Armut als zeit- und ortsabhängige Größe schlägt vor, dass Armenfürsorge in engem Zusammenhang mit der Entwicklung individueller Fähigkeiten und Bedürfnisse sowie der Teilnahme am gesellschaftlichen Leben steht.

Es existiert auch ein Deprivationsindex nach Schneidewind (1985:155), der auch Richtwerte für soziale Kontakte und gesellschaftliche Teilnahme einbezieht.

Das Konzept der subjektiven Armut bezieht die Sichtweise von Betroffenen in die Begrifflichkeit mit ein. Es kommt also darauf an, ob und inwieweit sich die Betroffene als arm bzw. depriviert wahrnimmt.

Die Frage der Armutsdefinition ist in den letzten Jahren zunehmend von der Frage nach einer integralen Armutsdefinition im Sinne des Begriffs sozialer Ausgrenzung dominiert worden.

> „Denn Armutsschwellen sind meist wenig geeignet, auszudrücken, auf welche Weise Armut auch Hunger, Krankheit, gesellschaftliche Isolation, soziale Ächtung und letztlich Machtlosigkeit bedeutet. Armut bezeichnet ein statisches Ereignis, während soziale Ausgrenzung einen dynamischen Prozess beschreibt." (Wiesinger 2003:53).

Deutlich wird aber, dass sich soziale Ausgrenzung noch schwerer quantitativ fassen lässt als einfache Armutsindikatoren.

Für den Fall, dass Sie jetzt noch nicht die Geduld, beim Zuhören über derart langwierige wie -weilige Definitionsversuche verloren haben, möchte ich nun zum eigentlichen Kernstück meines Vortrags kommen. Ich möchte die Definitionsversuche von Armut und den dazugehörenden Diskurs nunmehr vor dem Hintergrund der Arlt'schen Bedürfnistheorie erörtern und begründen, dass mit *ihrer* theoretischen Arbeit die Erfassung von „ländlicher Armut" sehr wohl denk- und erforschbar ist.

6. Armutsforschung nach Ilse Arlt

Die Diskussion um die Zulässigkeit einer Forschung über „ländliche Armut" erscheint – in Anbetracht jener Prämissen, die Ilse Arlt bereits 1958 zusammenfassend formuliert hat – als wissenschaftshistorische Ironie.

So hat Ilse Arlt – wie dies auch von vielen sozialwissenschaftlichen Theoretikern/innen festgehalten wurde – in ihren Arbeiten einen grundlegenden und bislang unübertroffenen Entwurf für eine interdisziplinäre Armutsforschung in Gestalt ihrer „Bedürfnistheorie" geliefert, der – so meine Hypothese – dem Phänomen „ländlicher Armut" definitorisch Rechnung tragen könnte.

Die Arlt'sche Bedürfniskunde (Staub-Bernasconi 1996:22) ist nicht nur für die Erforschung der Frage nach der ländlichen Armut von Relevanz. Sie ist *insgesamt* geeignet, die Armutsforschung auf neue Beine zu stellen. Dies will ich – vorerst zusammenfassend – folgendermaßen begründen:

1. Sie verwendet taugliche (weil operationalisierbare) Definitionen von Armut, indem Sie die „Armut" selbst aus dem Kategoriensystem ver-

bannt und stattdessen einen positiven Gegenstand von Bedürfnisklassen einführt.

2. Mit der Arlt'schen Theorie sind auch komplexe Modellrechnungen möglich, die – falls Daten dazu repräsentativ erhoben werden – auch tatsächliche Erkenntnisse über Status Quo der nicht-erfüllten Bedürfnisse erlauben. Sprich: Armutgefährdete erfassen.

3. Ihre Begriffe bieten Spielraum für die Individualität unbefriedigter Bedürfnislagen, ohne dabei unwissenschaftlich im Sinne von subjektivistisch zu sein und ohne den Begriff individuellen Leids aus der Theorie und Empirie verbannen zu müssen.

4. Das Arlt'sche Kategoriensystem kann – wie wir es eingangs gehört haben – der Schichtblindheit von Entscheidungs- und Verantwortungsträgern/innen entgegenhalten, weil sie beides liefern: subjektive Fälle in Form von Geschichten, die erzähl- und darstellbar sind sowie repräsentative Zahlen über Art und Umfang des Handlungsbedarfs.

Diese Behauptungen werde ich nun nachstehend unter Bezugnahme auf die „Wege zu einer Fürsorgewissenschaft" und diverse Rezeptionen des Gesamtwerks Ilse Arlts abarbeiten.

6.1 Operationalisierbare Definitionen von „Armut" nach Ilse Arlt

Arlt (1932:29) vertritt die Auffassung, dass Armut immer eine Negation darstellt und aus diesem Grund nicht als Ausgangspunkt für positive Arbeit dienen kann, sondern das Positive muss ins Auge gefasst werden, dessen Negation Armut heißt. Es ist das „menschliche Gedeihen", das auf seine Bedingtheiten zu untersuchen und soweit zu unterteilen ist, dass begreifbare Einheiten entstehen.

Luft/Licht/Wasser/Wärme, Ernährung, Körperpflege, ärztliche Hilfe und Krankenpflege, Unfallverhütung und Erste Hilfe, Kleidung, Wohnung, Erholung, Familienleben, Erziehung, Rechtsschutz, Ausbildung zu wirtschaftlicher Tüchtigkeit. Geistespflege (Moral, Ethik, Religion) bezeichnen die allen Menschen gemeinsamen Grundbedürfnisse. Sie sind eine Art „Maßstab" (Staub-Bernasconi 1996:22), der gleichermaßen für Arm und Reich gilt. Sie können je nach Alter und Schicht, Religionszugehörigkeit körperlicher oder geistiger Behinderung unterschiedliche Ausprägungen haben. Das System ist insgesamt komplex und kann bei Ilse Arlt oder Staub-Bernasconi – die vortrefflich rezipiert hat – nachgelesen werden.

In der Arlt'schen Vorstellung hat die „angewandte Armutsforschung" in Gestalt der Sozialen Arbeit die Aufgabe, eingetretene oder drohende Schäden zu erkennen, die unmittelbaren oder entfernteren Ursachen und ihre weiteren Wirkungen zu verstehen, (...) Verständnis für das Tempo der Lageverschlechterung zu schaffen. Die Analyse sämtlicher günstiger oder ungünstiger Faktoren, die Kenntnis der möglichen und der vorhandenen Hilfsweisen, die Wege zu ihrer Einleitung; das Überprüfen ihrer Wirksamkeit" gehört zu den Aufgaben der Fürsorge (Arlt 1958: o.S.).

Ländliche Armut ist dabei *weder* eine Bedürfnisklasse *noch* ein Prozess der Bedürfnisbefriedigung. Aber sobald sie sich – im Rahmen der angewandten Armutsforschung – als drohender Schaden zu erkennen gibt, gilt es, sie sorgfältig zu beobachten, zu erforschen und ihr entgegenzusteuern.

Es folgt wiederum ein Beispiel aus unserer fachhochschuleigenen Forschung im ländlichen Raum, in welchem eine Expertin ihre induktiv gewonnene Einschätzung der Armut im ländlichen Raum Niederösterreichs – im gegenständlichen Fall ging es um das nördliche Weinviertel – folgendermaßen beschreibt:

„Es betrifft dort die so genannte ‚gute Mittelschicht'. Das sind Leute, zum Teil hoch qualifizierte Arbeitskräfte, die z.B. aus Krankheitsgründen ab 40 abgebaut werden. Sich einen gewissen Lebensstandard erarbeitet haben und dann in die klassische Notsituation kommen. Das ist die versteckte Armut. Am Land sieht man die Armut nicht. In der Stadt sieht man die so genannten Sandler. Am Land hat jeder ein Haus, meist auch ein Auto und die Menschen sind trotzdem von Armut betroffen. Die BM gehören aufgeklärt, dass es halt auch Armut am Land gibt, dass man schnell in so eine Situation kommt, keiner davor gefeit ist. Lange gab es keine statistischen Zahlen in NÖ über Menschen, die davon bedroht sind, ihr Obdach zu verlieren. Es wird einfach nicht wahrgenommen. Was heißt Armut? Viele Bürgermeister würden da keine Antwort finden. Es gibt viele Variationen von Armut. Es gibt auch soziale Armut. Kein Teilnehmen am gesellschaftlichen Leben." (Interview R, Z. 20-30)

Auch diese Expertin hatte keine anderen Hilfsmittel als jene von der herrschenden sozialwissenschaftlichen Armutsforschung bereitgestellten Begrifflichkeiten. In Ermangelung dessen bleibt ihre Zusammenfassung zwar sehr nachvollziehbar und plausibel aber – wissenschaftlich betrachtet – vage. Womit man operieren müsste, würde man sich präzise der Bedürfnistheorie Arlts bedienen, wäre der Begriff der so genannten Grenznot (Arlt 1932:30), der als tiefste geduldete Entbehrung eines Landes oder eines Landesteiles definiert wird. Es gibt unterschiedliche Grenznöte in unterschiedlichen Landesteilen und Sozialräumen, die unterschiedlich verursacht und ausgeprägt nach nicht befriedigten Bedürfnisklassen in Erscheinung treten. Ohne präzise Berechnung und Vergleiche zwischen den bestversorgten und den schlechtestversorgten Landesteilen kommt man dabei nicht aus.

In ihren Schriften fand ich keinen Hinweis, wonach Arlt aus dem Fürsorgewesen am Land eine eigene Forschungskategorie gemacht hätte oder unzulässige Kausalitäten hergestellt worden wären. Was sich allerdings konsequent in ihrem Werk offenbart, ist Berücksichtigung der Kategorie „Raum" gleichermaßen wie jene der „Zeit", ohne dabei klischeehaften Verkürzungen (wie zum Beispiel dem Stadt-Land-Unterschied) aufzusitzen. Vergleichbar mit den großen Gesellschaftstheorien von Foucault oder Elias gelingt es Arlt, die „Not" zu beschreiben, ohne aus ihr ein räumlich oder zeitlich isoliertes Phänomen zu machen.

Was sie immer wieder betont, sind bestimmte Besonderheiten des Landes: wie jene *der* Fürsorgeideen, die von der Peripherie her entstehen. Im Gegensatz zu der von der Stadt aufs Land ausstrahlenden Fürsorge gelingt es Modellen ländlicher Prägung, zu einer richtigen lokalen Anpassung zu gelangen. Als Beispiel für diese These nennt Arlt die Initiative vom Gerichtsadjunkt Franz Janisch in Sebastiansberg Böhmen, der mithilfe von lokalen Unterstützern/innen – so genannte „Waisenräte"– in vielen ländlichen Kommunen formierte, die zugunsten leidender Kinder eintraten (Arlt 1958:o. S.). Die Mittel dafür wurden in den Gemeinden selbst aufgebracht und fanden auch lokale Anwendung. Eine ungünstige politische Konstellation führte zur Versetzung des Franz Janisch – eine Nachfolgerin konnte nicht gefunden werden.

6.2 Repräsentative Forschungsergebnisse über „nicht erfüllte Bedürfnisse"

Die wissenschaftliche Armutsforschung und -erfassung steht heute wie vor mehr als 80 Jahren insofern vor jener forschungslogischen Grenze, welche statistische Erfassung von Betroffenen immer nur als „*Unterstütztenstatistik*" (Arlt 1932:69) erscheinen lässt. Bis dato ist die Arlt'sche Empfehlung kein Allgemein-gut geworden. So ist heute unerhoben, welche „Wartelisten" für unterstützende Institutionen existieren. Bis heute fehlen repräsentative Befragungen, welche sich mit den Inzidenz- bzw. Prävalenz-Raten von Armutsgefährdung auseinandersetzen (vgl. dazu Lutz et. al. 1993).

Komplexe Berechnungen über die Notgrenzen des Landes und Landesteile sind nach Arlt unerlässlich, weil es darum geht, die Fürsorgenotwendigkeit als Ganzes zu sehen. Dies erreicht man, indem die Einzeltatsachen induktiv erhoben und zu einem Gesamtzusammenhang verwoben werden. Genauso müsse es darum gehen, die "klimatischen Besonderheiten, lokale landwirtschaftliche Geschicklichkeiten, örtliche Hilfstraditionen und allgemeines Brauchtum auch Arbeitstrachten, Bauweisen, Jugendpflege durch Brauchtum" zwar nicht inventiert (wie die Bedürfnisse), aber doch stichprobenweise zu erheben. Bei der Erfassung der Grenznot müsste man genauso die „*Tradition*" und „*die guten Lebensgewohnheiten*" sowie die „*weitherzigen Lehrer- und Ärzteschaften*" berücksichtigen. Arlt meint dazu:

> „Ein Landesteil mit nur wenig Fürsorgeeinrichtungen kann sehr vorbildlich sein und eine hohe Notgrenze haben. Wenn allerdings ein niedriger Zustand der Fürsorge auf dem Lande geduldet wird, zieht das die Sozialpolitik, Gesundheitsfürsorge, das Armenwesen sowie den Bildungsstand auch der angrenzenden Landesteile und der Städte mit hinab." (Arlt 1958:o. S.)

6.3 Ein subjektiver Begriff von „Armut" und „Not" nach Ilse Arlt

Arlts Begriffe bieten Spielraum für die Individualität unbefriedigter Bedürfnislagen, ohne dabei unwissenschaftlich im Sinne von subjektivistisch zu sein, aber ohne auch den Begriff individuellen Leids aus der reinen Theorie verbannen zu müssen.

Wenn Armut im Sinne „wirtschaftlicher Unversorgtheit" nicht in vollem Umfang und als Einzelfall erschlossen wird, tritt das ein, was Arlt als ein „Überziehen von Schutthalden mit täuschendem Grün" beschreibt, indem zwangsweise Hilfe verordnet wird, indem von offizieller Seite, und ohne genaue Aufzeichnungen zu führen, über andere manifeste Mängellagen hinweggetäuscht wird. (Arlt 1958:o. S.)

Vielfach werden dadurch Probleme auch „falsch" erfasst. So ist die „Gewalt" vielfach ein Ausläufer der gesteigerten Armut, die wiederum zur kumulierten Gewaltausübung führt. Diese Erfassung ist erst möglich, wenn aufgrund der Fälle selbst erhoben wird und nicht in Form von deduktiv entwickelten und an die Fälle herangetragenen Kategorien. (vgl. Arlt 1958:o. S.)

Erst die Betrachtung der „Subjekte des Fürsorgens" (1958:83) ist es, die Einblick in die von den ExpertInnen ausgewiesene Besonderheit des ländlichen Raums in Gestalt der „Beschämung" gewährt. Man kommt demgemäß an die Forschungskategorie des „Ländlichen" nur heran, wenn und insoweit man sich in seiner Erhebung auf die Einzelfälle einlässt.

Das nachstehende Bild ist uns auf unserem Forschungsstreifzug durch niederösterreichische ländliche Gemeinden begegnet:

Abbildung 3: Breitensee 2005, fotografiert von Ursula Stattler

6.4 Das Arlt'sche Kategoriensystem als Aufklärungsinstrument

Die Arlt'schen Begriffe sind geeignet, um der Schichtblindheit von Verantwortungsträgern/innen entgegenhalten, weil es beides liefert: subjektive Fälle in Form von Geschichten, die erzähl- und darstellbar sind sowie repräsentative Zahlen über Art und Umfang des Handlungsbedarfs.
Arlt merkt nicht ohne Ironie an:

„Man tröstet sich gern mit der Auffassung, Notstände hielten sich verborgen; ‚hätte man gewusst, so hätte man sich bemüht, zu helfen'. Das trifft vielfach zu, und es gibt aus allen Ländern prachtvolle Beispiele dafür, dass das Bekanntwerden auch nur eins Einzelfalles weitreichende und dauernde Hilfe mobilisiere. Aber ein allgemeines Gesetz ist es nicht." (Arlt 1958:24)

Die Aufklärung darüber, dass mit „Not" (Arlt 1958:80) nicht „ein Zustand" sondern „eine Bewegung, ein Prozess" zu beschreiben ist, stellt den ersten Baustein eines solchen Planungswissens dar. Vielfach sind VerantwortungsträgerInnen nicht imstande, sich umfassend den Agenden der Sozialen Arbeit zu widmen, es mangelt ihnen an Zeit und Ressourcen genauso wie an Fachwissen und anderen Kompetenzen. Die Aufgabe der „angewandten Fürsorge" wäre es an dieser Stelle, informierend und vor allem theoretisch einzuwirken. Mit Arlt gesprochen ist es der Mangel einer vom „Gedeihen her orientierten und zielsicheren Beobachtung", die es unmöglich macht, kommunale Entscheidungsträgerinnen über ihre Erfolge genauso wie über ihre Versäumnisse auf dem Laufenden zu halten. So können sie weder über die von ihnen geleisteten Errungenschaften noch über die von ihnen vernachlässigten Bedingtheiten tatsächlich und umfassend berichten, weil ihnen einfach ein dafür geeignetes Kategoriensystem fehlt.

Abschließend möchte ich die Arlt'schen Empfehlungen und meine Überlegungen mit einem weiteren Beispiel einer ländlichen Kleinstadt in Zusammenhang bringen, in welchem wir sozialräumlich geforscht haben. In diesem sprach ein Bürgermeister von den „undisziplinierten Jugendlichen" seiner Kommune, die allesamt keine „Werte" mehr mitbekommen hätten und die von den Eltern nicht „mehr" erzogen worden wären und nun nichts besseres zu tun hätten, als den öffentlichen Raum der Gemeinde zu verschmutzen und zu belärmen. Beim näheren Nachfragen räumt er „seinen" Jugendlichen allerdings folgende Problemstellung ein:

> „Das ist ein großes Fragezeichen für die meisten unserer Jugendlichen, ja, weil sie (…), z.T. nicht in die elterlichen Wohnungen dürfen. Weil das ist ja dann schon ein Platzproblem wahrscheinlich und dann ist es in einer Wohnung mit 50 m², die knallheiß ist , dann wird das Fenster aufgemacht, dann wird vielleicht ein bisschen lauter Musik gespielt, dann regt sich gleich der Nachbar auf." (Interview K, Position 20)

Hätte dieser Bürgermeister das begriffliche Inventar Ilse Arlts zur Verfügung, könnte er seine Bediensteten sowie die Organe der Fürsorgen darin anweisen, systematisch die Bedürfnisse seiner Jugendlichen zu erheben, so würde er sich viele Umwege im Erkenntnisprozess sparen. Das Problem seiner lärmenden und unerzogenen Jugendlichen würde er unmittelbar als an die Notgrenzen gelangte Bedürfnisse erkennen und könnte folglich gezielt gegensteuern.

Die Schichtblindheit vieler EntscheidungsträgerInnen setzt sich aus einer sprachlichen „Armut", die durch undifferenzierte und untheoretische Forschung zustande kommt, zusammen. Mit dieser These bin ich am Schluss meines Vortrags angekommen.

Schließen möchte ich meinen Vortrag mit einer Feststellung, wie sie Arlt in „Wege zu einer Fürsorgewissenschaft" getroffen hat und wie sie den bearbeiteten Problembogen zu schließen imstande ist:

> „Mangels eines anerkannten geistigen Forums können sich auch Fehlmeinungen jahrzehntelang breitmachen, ohne widerlegt zu werden, oder Gesetze werden erlassen, deren Überprüfbarkeit nicht erst durch die Wirklichkeit hätte erfolgen sollen sondern durch planmäßiges Studium!" (Arlt 1958:o. S.)

Literatur

Arlt, Ilse. (1930b): Armutsforschung. In: Soziale Arbeit. Wien-Leipzig. 1-3 (28) 48-51

Arlt, Ilse. (1932a): Exakte Armutsforschung als Hilfsmittel in der Fürsorgekrise. In: Keller, Franz (Hg.) Jahrbuch der Caritaswissenschaft 1932. Freiburg i. Br. 65-75

Arlt, Ilse. (1938): 25 Jahre Fachkurse für Volkspflege in Wien. In: Jahrbuche der Caritaswissenschaft 1938 (12). Freiburg i. Br. 27-32

Arlt, Ilse. (1958): Wege zu einer Fürsorgewissenschaft. Verlag Notring der wissenschaftlichen Verbände Österreichs. Wien.

Böhnisch, L./ Funk, H. (1991): Grundprobleme sozialer Hilfen im ländlichen Raum. In: Böhnisch L., Funk H., Huber J., Stein G. (1991): Ländliche Lebenswelten. Fallstudien zur Landjugend. München

Böhnisch, L./ Funk, H./ Huber, J./ Stein, G. (1991): Jugendalltag als „Zwischenwelt". Hintergrund und Einführung in das Werkstattbuch. In: Böhnisch, L./ Funk, H./ Huber, J./ Stein, G. (1991): Ländliche Lebenswelten. Fallstudien zur Landjugend. München

Brüggemann B./ Riehle, R. (1986): Das Dorf. Über die Modernisierung einer Idylle. Frankfurt, New York

Chassé, Karl August (1996): Ländliche Armut im Umbruch. Lebenslagen und Lebensbewältigung. Opladen

Goldberg, C. (1998): Zur Situation der BäuerInnen heute. Kurzbericht eines Forschungsprojekts im Auftrag der Bundesministerien für Land- und Forstwirtschaft, für Umwelt, Jugend und Familie und für Wissenschaft und Verkehr. 2. Auflage. Schriftenreihe/36. Universität Wien. Institut für Soziologie

Hainz, M. (1999): Dörfliches Sozialleben im Spannungsfeld der Individualisierung. Schriftenreihe der Forschungsgesellschaft für Agrarpolitik und Agrarsoziologie. Bonn

Illien, A/, Jeggle, U. (1978): Leben auf dem Dorf. Opladen

Kötter, H. (1977): Zur Soziologie der Stadt-Land-Beziehungen. In: König, R. (Hg.): Handbuch der empirischen Sozialforschung. Großstadt – Massenkommunikation – Stadt-Land-Beziehungen. Band 10. Stuttgart

Lichtenberger, Elisabeth (Hg.) (1989): Österreich zu Beginn des 3. Jahrtausends. Raum und Gesellschaft. Prognosen, Szenarien und Modellrechnungen. Wien

Lutz, H./ Wagner, H./ Wolf, W. (1993): Von Ausgrenzung bedroht. Struktur und Umfang der materiellen Armutsgefährdung im österreichischen Wohlfahrtsstaat der achtziger Jahre. Schriftenreihe „Forschungsberichte aus Sozial- und Arbeitsmarktpolitik". Wien: Bundesministerium für Arbeit und Soziales.

Millitzer-Schwenger, L. (1979) : Armenerziehung durch Arbeit. Tübingen

Schneidewind, P. (1985): Mindestlebensstandard in Österreich. Forschungsberichte aus der Sozial- und Arbeitsmarktforschung 11. Wien: Bundesministerium für soziale Verwaltung.

Staub-Bernasconi, S. (1996): Lebensfreude danke einer wissenschaftlichen Bedürfniskunde? Sozialarbeit. Fachblatt des Schweizerischen Berufsverbandes Diplomierter SozialarbeiterInnen und SozialpädagogInnen. Heft 5. S. 18-31 (neuer Titel der Zeitschrift: Sozial Aktuell)

Wiesinger, G. (2000): Die vielen Gesichter der ländlichen Armut. Eine Situationsanalyse zur ländlichen Armut in Österreich. Forschungsbericht 46. Wien: Bundesanstalt für Bergbauern-fragen

Wiesinger, G. (2003): Ursachen und Wirkungszusammenhänge der ländlichen Armut im Spannungsfeld des sozialen Wandels. SWS Rundschau. Sozialwissenschaftliche Studiengesell-schaft. Heft 1/2003. 43. Jahrgang. S. 47-72

weitere Quellen:

Interview G und Interview R aus der Equal-PartnerInnenschaft: Donau. Quality in Inclusion. Modul 2 "Sozialräumliches Arbeiten in ländlichen Gemeinden Niederösterreichs. Fachhochschule St.Pölten 2005-2007

Interview K aus „Jugend in Amstetten 2007 – eine Lebensweltstudie". Fachhochschule St.Pölten Ilse-Arlt-Institut für Soziale Inklusionsforschung 2007.

Photographien aus der Equal-PartnerInnenschaft: Donau. Quality in Inclusion. Modul 2 "Sozialräumliches Arbeiten in ländlichen Gemeinden Niederösterreichs. Fachhochschule St.Pölten 2005-2007

Ilse Arlt und Gösta Esping-Anderson: Das Insider-Outsider Problem in der Sozialpolitik

Tom Schmid

„Wann endlich wird der Mensch, der in seinen Notwendigkeiten und individuellen Möglichkeiten genau erkannte einzelne Mensch, im Mittelpunkt der Betrachtung stehen und nicht das Gefüge der Fürsorge? An manchen Orten machte man schöne Versuche. Wer aber kann sie alle kennen, solange nicht an dem Maßstabe der Menschlichkeit überprüfte sorgfältig bis ins Kleinste untersuchte Darstellungen der Fürsorgeformen so vorhanden sind wie in jeder Wissenschaft Materialsammlungen?"
(Ilse Arlt 1958:31)

1. Der Sozialstaat

Der Sozialstaat kann – zumindest in Mittel- und Westeuropa – als *das* Erfolgsmodell des 20. Jahrhunderts schlechthin bezeichnet werden. Um die Jahrtausendwende zum 21. Jahrhundert sind in Österreich rund 98 Prozent der hier (legal) lebenden Menschen in der gesetzlichen Krankenversicherung als Selbst- oder Mitversicherte/r geschützt; die staatlichen Pensionen haben für Menschen, die nach 40 Erwerbsjahren in Pension gehen, eine Nettoersatzrate von bis zu 80 Prozent, allerdings bei Personen mit kürzerer Versicherungsdauer deutlich weniger. Es gibt einen umfassenden Schutz durch Unfall-, und Arbeitslosenversicherung. Die Sozialhilfe schafft ein bundesländerweise unterschiedliches „zweites Netz" (vgl. BMSG 2006). Zumindest in der zweiten Hälfte des 20. Jahrhunderts war der Sozialstaat im keynesianistisch-fordistischen Reproduktionsmodell (vgl. Hirsch/Jessop/Poulantzas 2001) jener interaktive Faktor, der die Erwerbsgesellschaft konstituiert und formiert hat. Neben dem Normalarbeitstag (vgl. Schmid 1993) kann der Sozialstaat als *der* Taktgeber des sozialen Lebens bezeichnet werden.

Durch den Sozialstaat werden neue Freiheiten geschaffen. Er ist historisch in Auseinandersetzungen entstanden, getrieben von verschiedenen Interessen. Die Arbeiterbewegung hat im 19.Jahrhundert begonnen, ihre Interessensvertretungen, die Gewerkschaften und eine Arbeiterpartei zu entwickeln, aber auch, ihre sozialen Risken (Alter, Krankheit, Unfall) solidarisch durch Beitragskassen abzusichern. Insbesondere in revolutionären Zeiten gelang es ihr, soziale Sicherungssysteme und gesetzliche Interessensvertretungen durchzusetzen (so z.B. 1902 die Arbeitslosenversicherung und die Arbeiterkammern, vgl. z.B. Talos 1981). Gegenpart waren jene Regierungen, die durch Verbote und Übernahmen von sozialen Risken die Arbeiterbewegung schwächen wollten. So sind die Bismarck'schen Reformgesetze in den 1870er Jahren in Deutschland (Einführung einer gesetzlichen Sozialversicherung) nur als flankierende Maßnahme zum Verbot der Sozialdemokratie zu verstehen. Und in Zeiten der Schwäche der Arbeiterbewegung, zum Beispiel bei hoher Arbeitslosigkeit, werden Errungenschaften rasch wieder zurück gebaut (im Österreich der dreißiger Jahre des 20. Jahrhunderts beispielsweise unter dem Motto des „Abbaus der sozialen Last", vgl. Talos 1981)

Die Einführung der Sozialgesetze in Österreich-Ungarn[1] muss differenziert gesehen werden. Die Gewerbeordnung von 1859 und die Schaffung der Kranken- und Unfallversicherung von 1889 sind einerseits – wie in Deutschland – als flankierende Maßnahme zum Verbot der Sozialdemokratie und der Gewerkschaften (vgl. z.B. Talos 1981, Hautmann/Kropf 1974) zu verstehen. Sie, und zwar die Gewerbeordnung genauso wie die Sozialversicherungen, die damals nur für die Industrie, aber nicht für das Gewerbe verpflichtend gemacht worden sind, müssen auch und vor allem als Maßnahme zum Schutz des kleinen Gewerbes vor der Industrie, also ganz im Lichte der antiliberalen österreichischen Innenpolitik verstanden werden. Schließlich kam die sozialpolitische Gesetzgebung in der Habsburger Monarchie (Arbeitszeitgesetze, Mutterschutz, Kinderarbeitsverbot) auch auf Druck der k.u.k.-Militärbehörden zustande, weil sich spätestens in der Mitte des 19. Jahrhunderts heraus gestellt hatte, dass ein Großteil der zur Musterung ausgeschriebenen Jahrgänge bereits untauglich war – eine Folge der ausbeutenden und auszehrenden Arbeitsbedingungen für Mütter und für Kinder bzw. Jugendliche (vgl. wiederum Talos 1981, aber auch Melinz/Zimmermann 1996). Bereits in seinen Anfängen, also in der Zeit, die dem Wirken von Ilse Arlt vorausgeht, zeigt sich der österreichische Sozialstaat von einer stark korporatistischen Seite: Nicht die Interessen der Einzelindividuen in persönlichen Notlagen stehen im Zentrum der sozialpolitischen Gesetzgebung, sondern Interessen des Staates oder von großen (organisierten) Gruppen, wie der Arbeiterbewegung oder des Gewerbes mit seinen Handelskammern.

Die erste Hälfte des 20. Jahrhunderts, also die Zeit des Wirkens von Ilse Arlt, war durch einen sehr seggregierten Sozialstaat, von dem nur ein Teil der (arbeitenden) Bevölkerung erfasst war[2], gekennzeichnet und kannte – bis in die

---

1 Hier wird vor allem die österreichische Reichshälfte angesprochen
2 Pensionen gab es beispielsweise ab 1909 für Angestellte, für ArbeiterInnen aber erst 1938, Gewerbetreibende und BäuerInnen wurden erst in den 60er Jahren von der Sozialversicherung

späten fünfziger Jahre – ein großes Segment wirklich armer, auf und nur auf die Fürsorge angewiesener Menschen. Für die Sozialpolitik der Sozialdemokratie und der Gewerkschaften standen die ArbeiterInnen und Angestellten im Zentrum; nur in sozialdemokratisch regierten Großstädten (vgl. zum Beispiel das „Rote Wien") wurden auch andere armutsbedrohte oder arme Bevölkerungsgruppen von dieser Sozialpolitik erfasst, standen aber immer[3] im Schatten der an der Erwerbsarbeit orientierten Sozialpolitik. Die katholische Soziallehre und die von ihr geprägten Organisationen hingegen nahmen sich (vor allem) dieser armen Bevölkerungsgruppen an (vgl. Leichsenring 1991, Pratscher 1991).

In diesem Spannungsfeld war Ilse Arlt tätig, die sich (eher) der sozialdemokratischen Politik zugehörig fühlte, aber vor allem dort tätig war, wo dem zeitgenössischen Politikverständnis entsprechend eher das Handlungsfeld der christlich geprägten Wohlfahrtsorganisationen gewesen wäre. Ihre großbürgerliche Herkunft (und die vieler ihrer Schülerinnen) war ebenfalls nicht geeignet, um das Vertrauen sozialdemokratischer Sozialpolitiker(innen) zu erwerben, wahrscheinlich auch die Tatsache, dass sie Frau war. So war das Verhältnis der Sozialdemokratie und der Gewerkschaften zu Ilse Arlt immer ein distanziertes[4].

In den dreißiger Jahren erlebte der österreichische Sozialstaat und mit ihm die Demokratie in Österreich durch die hohe Arbeitslosigkeit und die damit verbundene Massenarbeitslosigkeit eine große Belastungsprobe – die letztendlich verloren wurde (vgl. Gulick 1976). Zwar brachte die deutsche Okkupation 1938 auch die Übernahme des deutschen Sozialversicherungs-rechtes (und damit erstmals eine Pension für ArbeiterInnen), aber durch Diktatur, politische und rassistische Verfolgung und durch den zweiten Weltkrieg millionenfache Vernichtung, Tod und Leid. Erst Ende der fünfziger Jahre kann wieder von einer Konsolidierung der Wirtschaft und des Arbeitsmarktes gesprochen werden.

---

erfasst, Arbeitslosenversicherung für ArbeiterInnen und Angestellte gab es seit 1920, aber Langzeitarbeitslose wurden „ausgesteuert" und an die Sozialhilfe und die „Gemeindezuständigkeit" verwiesen.
3 In der Tradition von Karl Marx und Friedrich Engels (vgl. z.B. das Kommunistische Manifest; Marx/Engels 1980:472) stehend wurden diese Gruppen in der ArbeiterInnenbewegung gerne als „Lumpenproletarier" verstanden
4 Eine Erfahrung, die einige Jahrzehnte später auch der große Wiener Sozialmediziner Ludwig Popper machen musste – sein personzentriertes Konzept von Public Health passte (trotz seines aktiven Eintretens für die Sozialdemokratie) nicht in das Konzept korporatistischer Gesundheitspolitik und war schon zu Lebzeiten Poppers nach dessen Pensionierung in den Sechzigern bald dem Vergessen anheimgestellt (vgl. Popper 1991)

Die zweite Hälfte des 20. Jahrhunderts ist dann die Zeit eines beispielhaften Aufstieges der staatlichen Sozialpolitik, um 1970 schien die Vollbeschäftigung dauerhaft erreicht, ein auf Wachstum und Ausbau orientiertes Zusammengehen von Wirtschafts- und Sozialpolitik möglich. Der so genannte Austro-Keynesianismus schuf einen umfassenden, nicht mehr nur die unselbständig arbeitende Bevölkerung erreichenden Wohlfahrtsstaat (vgl. z.B. Talos 1981, 1992, Reithofer 1995, Löffler/Streissler 1999, aber auch Swan, 1993). Selbst die Krise in den siebziger und achtziger Jahren[5] schien von der österreichischen Sozialpolitik weit besser verkraftet worden zu sein als von der anderer mittel- und westeuropäischer Staaten (vgl. Schweighofer 1995). Mit der Ablösung des fordistisch-keynesianistischen Produktionsregimes, verbunden mit dem Zusammenbruch der kommunistischen Teilwelt sowie der Ausdehnung der Europäischen Union auf nahezu ganz Europa setzte sich auch in Österreich der Neoliberalismus und das Europäische Wettbewerbsrecht durch, mit entsprechenden Auswirkungen auf die Sozialpolitik (vgl. Barr 2001, Eichenhofer 2007, Ganßmann 2000, Rosenberger/Talos 2003).

Die (soziale) Daseinsvorsorge, das Kernelement des Sozialstaates, bleibt auch in der neoliberalen Wettbewerbswelt erhalten (vgl. z.B. Ganßmann, Barr), sie ändert sich jedoch wesentlich: In immer mehr Bereichen verschiebt sich die Verantwortung des Staates von der Erbringungsverantwortung zur Gewährleistungsverantwortung. Das bedeutet, soziale Dienstleistungen oder Absicherungen werden nicht (mehr) durch den Staat selbst erbracht (Erbringungsverantwortung), sondern durch marktorientierte Unternehmungen (z.B. Privatversicherungen, private Pflegeheime,…) oder durch Organisationen des "Dritten Sektors" (vgl. Anastasiadis et.al. 2003, Anastasiadis 2006). Der Staat ist in diesen Fällen nicht (mehr) für die Erbringung zuständig, sondern (nur) für die Gewährleistung, dass diese Leistung(en) erbracht wird (werden), durch das Setzen entsprechender Regeln (z.B. das Pensionskassengesetz) oder durch Beauftragung von marktorientierten oder Nonprofit-Organisationen und die teilweise oder vollständige Finanzierung dieser Leistungen.

2. Die Bedeutung des Sozialstaates

Die Bedeutung des Sozialstaates, wie er vor allem in der zweiten Hälfte des 20. Jahrhunderts ausgebaut und zu einem umfassenden Wohlfahrtsstaat modelliert wurde, besteht vor allem darin, (neue) Freiheiten für jene zu schaffen, die sich

---

5 Die so genannten „Erdölschocks" von 1974 und 1981

am Markt der Güter, Dienstleistungen und der Arbeit nicht selbständig bewegen können oder dort eingeschränkt sind (werden).

Wesentliche Meilensteine des Sozialstaates in Österreich sind:

- 1889 Kranken- und Unfallversicherung
- 1905 Pensionsversicherung der Angestellten (1909 erste Auszahlung)
- 1920 Arbeitslosenversicherung und Arbeiterkammern
- 1938 Pensionsversicherung der Arbeiter
- 1946 Invalideneinstellungsgesetz (später Behinderteneinstellungsgesetz BEinstG)
- Nach 1946 die fünf Versorgungsgesetze (Kriegsopfer, Opferfürsorge, Verbrechensopfer, Heeresopfer, Impfschaden)
- 1955 das Allgemeine Sozialversicherungsgesetz (ASVG)
- 1968 Arbeitsmarktförderungsgesetz
- ab den Siebzigern Ausdehnung der Sozialversicherung auf andere Beschäftigtengruppen (Bauern, Gewerbe, Freiberufler/innen, Notare)
- in den Siebzigern Vereinheitlichung der Sozialhilfe der Länder
- 1993 Arbeitsmarktservice-Gesetz (AMSG)
- 1993 Umfassende Pflegesicherung des Bundes und der Länder
- 1997 Einbeziehung von Werkverträgen und Neuer Selbständigkeit in die gesetzliche Sozialversicherung[6]
- 2004 Allgemeines Pensionsversicherungsgesetz (APG)

Die Gesetzliche Sozialversicherung ist und bleibt der Kern der staatlichen Sozialpolitik. In ihr sind gegenwärtig rund 98 Prozent der österreichischen Bevölkerung erfasst (vgl. BMSG 2006:13). Für ihre Geschäftsführung sind die (gesetzlichen und freiwilligen) Organisationen der DienstgeberInnen und der DienstnehmerInnen verantwortlich (vgl. Schmid 2001).
Befinden wir uns also in der „besten aller Welten"?

3. Grenzen des (österreichischen) Sozialstaates

Der Sozialstaat hat trotz seiner wesentlichen Bedeutung für die Kohäsion der österreichischen Gesellschaft auch erhebliche Grenzen. Er schafft Lösungen, aber auch Probleme, und zwar nicht erst seit dem Beginn der neoliberalen Wende in den achtziger bzw. neunziger Jahren des 20. Jahrhunderts. Vieles von

---

6 In die Arbeitslosenversicherung allerdings erst ab 2008

dem, was heute als problematisch erlebt wird und nachhaltige Inklusion an den Rändern der Gesellschaft erschwert, ist dem österreichischen Sozialstaat wesenseigen und war auch schon für Ilse Arlt ein Problem. So schreibt sie in ihren „Wegen zu einer Fürsorgewissenschaft" 1958 von dem Spannungsverhältnis zwischen der, wie wir heute sagen würden, Erbringungsverantwortung und der Gewährleistungsverantwortung, die freilich für Arlt in den fünfziger Jahren gelöst scheint:

> „Bei dieser Liste fallen zwei für diese Zeitspanne charakteristische Neuerungen auf, die der ganzen Hilfe ein neues Gepräge geben: Schaffen von Rechtsansprüchen und oktroyierte Hilfe. Beides hat sich jetzt völlig eingespielt, nach Anfängen mit dem grotesken Zustand, dass dieselbe Gemeinde, die mit juristischem Scharfsinn Unterstützungsbitten abwies, zugleich sich aber um Fälle bewarb, denen sie helfen wollte." (Arlt 1958:8)

Der Sozialstaat mitteleuropäischer Prägung (dazu mehr weiter unten) schafft bereits aus seinen Konstruktionsprinzipien heraus mehrfach systematische Spannungsverhältnisse.

Da ist zuerst die Spannung zwischen einem umfassenden Anspruch, aber einer Verrechtlichung der Hilfe: Es werden zwar (nahezu) alle Lebensbereiche durch die staatliche Sozialpolitik abgedeckt, aber ihre Zuständigkeit wird durch abstrakte, nicht auf den Einzelfall abgestimmte, Regelungen abgesteckt – durch Gesetze und Verordnungen. So werden abstrakte Bedarfe definiert, die oft mit den konkreten, vielfältigen Bedürfnissen der betroffen Menschen wenig gemein haben. Damit verbunden ist der Aufbau einer umfassenden Bürokratie, die einerseits, wie wir seit Max Weber (vgl. Weber 2002) wissen, der (wahrscheinlich einzige) Garant für Rechtssicherheit und Gleichheit aller vor dem Gesetz ist, die aber andererseits die Entfremdung der Hilfesuchenden von den „Ämtern", die Hilfe vorhalten, begünstigt. Wahrscheinlich ist staatliche Sozialpolitik nicht ohne diese Spannungen zwischen Rechtssicherheit und bürokratischer Entfremdung, zwischen Bedarfen und Bedürfnissen aufzubauen; es geht also nicht so sehr darum, sie zu kritisieren, sondern sie zu *erkennen*.

Das Problem wurde von Ilse Arlt in erstaunlicher Weitsicht ebenfalls bereits 1958 angesprochen:

> „Es bedarf keines Wortes, um den Nutzen der Krankenversicherung zu unterstreichen. Sie ist aus dem modernen Leben überhaupt nicht wegzudenken. Jedoch ist es bedauerlich, dass das Gemeinschaftsgefühl und das Verständnis dafür, dass einmal dem einen, einmal dem anderen geholfen werden muss, sich ebenso wenig herausgebildet hat wie das Ableisten irgendwelcher persönlicher Hilfen. Rein rechnungsmäßig stehen einander Kassen und Ärzte, Ärzte und Patienten, Kasse und Patienten gegenüber. Die üble Anschauung, der Vorteil des Einen bedeutet für den anderen einen Nachteil, ist aus dem geschäftlichen Leben herüber genommen, und der Hilfsgedanke spielt dabei eine zu kleine Rolle." (Arlt 1958:17).

140

So sind es im (negativen) Entscheidungsfall dann immer die handelnden Personen (der/die nicht zufrieden stellend begutachtende ÄrztIn im Pflegegeldverfahren, der/die leistungsabsprechende SozialarbeiterIn im Sozialamt), denen die Schuld zugewiesen wird (seitens der Betroffenen wie des politischen Diskurses[7]), nicht aber die Strukturen, die diesen Entscheidungen zugrunde liegen.

Ein weiteres wesentliches Problem des österreichischen Sozialstaates, wenn er an der Funktion umfassender Inklusion gemessen werden will, ist seine *kausale* Ausrichtung (vgl. Badelt/Österle 2001:19f). Leistungen werden in der Regel danach bemessen und zugeteilt, wo die Zuständigkeit des einzelnen Trägers liegt, nicht nach den Bedürfnissen der Betroffenen. So unterscheiden sich beispielsweise Rentenleistungen und Leistungen der Rehabilitation wesentlich, ob die zugrunde liegende Schädigung in den Zuständigkeitsbereich der Allgemeinen Unfallversicherung oder „nur" der jeweiligen Pensions- und Krankenversicherung fällt, auch bei gleichartiger Schädigung. Unterschiedliche Bestimmungen gelten auch bei der Bewertung von Invalidität und Behinderung, abhängig davon, ob die Bewertung von einem Bundessozialamt vorgenommen wird, von der Allgemeinen Unfallversicherungsanstalt oder einer Pensionsversicherung (und da gibt es wiederum Unterschiede nach Berufsgruppen). Denn nach dem Kausalprinzip wird die jeweilige Leistung dann gewährt, wenn der Leistungsanlass in einer bestimmten Ursache liegt (z.B. in einem Arbeitsunfall) oder wenn der Anlassfall in einem Versicherungsvertrag bzw. in der zuständigen Gesetzgebung als solcher anerkannt ist (vgl. Badelt/Österle 2001:19).

Final orientierte Sozialstaaten wie etwa die skandinavischen oder das britische nationale Gesundheitssystem (NHS) orientieren hingegen am Bedarf, unabhängig davon, welcher Träger oder ob ein Träger zuständig ist. In final orientierten Sozialsystemen dominiert die direkt staatliche, steuerfinanzierte Leistung, Sozialversicherungen haben, wenn überhaupt, nur eine untergeordnete Bedeutung[8]. Die Leistung wird in diesem System im Wesentlichen einheitlich und nur abhängig vom jeweiligen Bedarf bzw. der jeweiligen Problemlage erteilt. Soziale Systeme, die ihre Entstehung hauptsächlich Interessensvertretungen verdanken („korporatistisches Sozialstaatsmodell"), sind in der Regel kausal orientiert, weil die einzelnen Bestimmungen (zumindest ihrer Herkunft nach) jeweils mit konkreten Interessen und Interessensgruppen korrespondieren, während am (historischen) Ursprung finaler Sozialstaats-

---

7 Und da, es sollte nicht vergessen werden, vor allem seitens ihrer populistischen VertreterInnen
8 In letzter Zeit nähern sich die Systeme jedoch an, siehe z.B. die schwedische Pensionsreform mit ihren auf Versicherung und Anspruchserwerb aufgebauten Leistungen (vgl. z.B. Lißner/Wöss 1999, Bosco/Hutsebaut 1998, IVSS 1998, DRV 1999, Gillion et.al 2000)

leistungen in der Regel politische Parteien und zentralstaatliche Entscheidungsakte stehen.

Österreichs Sozialstaat ist überwiegend kausal aufgebaut, im Bereich der Sozialhilfe kommt noch die Subsidiarität dazu, das heißt, die Sozialhilfe ist nur in dem Ausmaß zu Leistungen verpflichtet, als kein anderer Träger zuständig und das Familiensystem zur Unterstützung nicht in der Lage ist. Allein in der Pflegesicherung folgt Österreich (im Gegensatz zur bundesdeutschen Pflegeversicherung übrigens) dem finalen Prinzip; es handelt sich um eine StaatsbürgerInnenleistung[9], für deren Ausmaß nur der jeweilige Pflegebedarf ausschlaggebend ist.

Ein Ergebnis dieses kausalen Aufbaus und der letztendlich korporatistischen Trägerschaft der österreichischen Sozialpolitik ist dann die Tatsache, dass Armutspolitik dem zweiten, subsidiären Netz zugewiesen ist. Armutspolitik, die ihren Ausdruck vor allem in der Sozialhilfe, also in den Sozialhilfegesetzen der Bundesländer (vgl. Pfeil 1989, 2000, 2001) findet, ist der korporatistischen Rechtsgestaltung weitgehend entzogen und wird von der Sozial(hilfe)politik der Länder gestaltet, mit erschwerter Erreichbarkeit (nicht zuletzt wegen der Subsidiarität) und neun verschiedenen Zuständigkeiten.

Die Mitbestimmung schließlich findet sich zwar in der gesetzlichen Sozialversicherung (und in ähnlicher Form auch im Arbeitsmarktservice) in Gestalt der gesetzlichen Selbstverwaltung als der Geschäftsführung der Sozialversicherung (vgl. Reischl/Schmid 1993, Schmid 2001). Aber diese Mitbestimmung ist de facto geheim, sie ist kaum bekannt, kaum ein/e Versicherte/r kennt „sein" bzw. „ihr" Mitglied in der Selbstverwaltung. Die demokratische Legitimation ist relativ dünn, da die Auswahl der VersicherungsvertreterInnen indirekt, durch Ernennung seitens gesetzlicher Interessensvertretungen (z.B. Arbeiterkammer, Wirtschaftskammer) erfolgt, deren Organe ihrerseits wiederum mit einer relativ geringen Wahlbeteiligung demokratisch legitimiert[10] sind. Daher erschöpft sich die Mitbestimmung in der gesetzlichen Sozialversicherung de facto weitgehend in Form verschiedener Modelle von Patronage (vgl. Heinrich 1989), auf österreichisch auch „Beziehung" genannt. So gesehen ist die Selbstverwaltung der österreichischen Sozialversicherung tatsächlich eine

---

9 Eigentlich nicht nur für StaatsbürgerInnen, sondern für alle Personen, die sich legal in Österreich aufhalten und hier einen Leistungsanspruch einer Sozialversicherung oder eines staatlichen Versorgungs- bzw. Fürsorgesystems haben, mit kleinen Ausnahmen freilich (vgl. dazu Pfeil 1994)
10 Allerdings klagen auch die deutschen Sozialversicherungen, die eine direkte Wahl der Versicherungsvertreter kennen, über sehr geringe Wahlbeteiligung, die Mehrheit der Versicherungsvertreter wird dort in der so genannten „Friedenswahl" gewählt, also de facto eingesetzt (vgl. Schmid, 2001)

„ungenützte Managementreserve" (Reischl/Schmid 1993). Aber das ist wiederum eine andere Geschichte.

Die Kritik an dieser korporatistischen, kausalen, an Bedarfen statt Bedürfnissen ausgerichteten und den partikularen Interessen der einzelnen AkteurInnen und ihren Körperschaften letztendlich stärker als den Bedürfnissen der von Ausgrenzung bedrohten oder betroffenen Menschen verpflichteten Sozialpolitik findet sich komprimiert in dem an den Anfang dieses Aufsatzes gestellten Zitat von Ilse Arlt:

> „Wann endlich wird der Mensch, der in seinen Notwendigkeiten und individuellen Möglichkeiten genau erkannte einzelne Mensch, im Mittelpunkt der Betrachtung stehen und nicht das Gefüge der Fürsorge? An manchen Orten machte man schöne Versuche. Wer aber kann sie alle kennen, solange nicht an dem Maßstabe der Menschlichkeit überprüfte sorgfältig bis ins Kleinste untersuchte Darstellungen der Fürsorgeformen so vorhanden sind wie in jeder Wissenschaft Materialsammlungen?" (Ilse Arlt 1958:31)

Sozialpolitische Entscheidungen werden in Österreich überwiegend im vorparlamentarischen Raum der Sozialpartnerschaft getroffen, im Nationalrat findet in sozialpolitischen Fragen oft nur ein Nachvollzug der in den Sozialpartner-Gremien bereits getroffenen Entscheidungen statt[11] (vgl. Talos 1981), es ist also eine „partielle Kompetenzauslagerung zu den Interessensvertretungen" (Talos 1985:74). Der Kompromiss wird zur eigentlichen Form der Entscheidung über sozialpolitische Angelegenheiten, zumindest auf Bundesebene[12]. Dieses korporatistische System der sozialpartnerschaftlichen Entscheidungsfindung kann immer noch verstanden werden als „mehrdimensionales Kooperations- und Verflechtungsmuster der politischen und gesellschaftlich dominanten Kräfte (Interessensorganisationen der Unternehmer, Bauern, Arbeiter und Angestellten, Regierung und Parteien), das auf Basis eines Grundkonsens der beteiligten Akteure über gesamtwirtschaftlichen Ziele für die inhaltliche Gestaltung und Implementation der zentralen Politikbereiche Wirtschafts- und Sozialpolitik bestimmend ist". (Talos 1985:75). Die hier getroffenen Regeln folgen dem Prinzip des Kompromisses, das bedeutet, dass in der Regel die VertreterInnen aller beteiligen Interessensgruppen die Entscheidungen „gerade noch" mittragen können, was die Entscheidungen stabilisiert und (in der

---

11 Während der schwarz-blauen Regierungen nach dem 4.2.2000 allerdings in deutlich schwächerer Form, mit der Schwäche der FPÖ bzw. des BZÖ ab 2003 jedoch wieder zunehmend
12 Auch in den meisten Bundesländern findet man im Wesentlichen eine konsensorientierte Entscheidungskultur, hier allerdings dem System der Konzentrationsregierung (die – größeren – Landtagsparteien sind entsprechend ihres Mandatsverhältnisses in den Landesregierungen vertreten) geschuldet, nicht dem Korporatismus

Regel[13]) auch über Mehrheits- und Regierungswechsel hinaus haltbar macht. Die Entscheidungen sind nachhaltig, aber in einer hochtechnischen Art, was oft zu Entfremdung derer, über die entschieden wird, führt und damit zu Kritik am System der Sozialpartnerschaft, von links wie von rechts.

4. Zwei mögliche Modelle von Sozialpolitik

Im österreichischen sozialpolitischen Diskurs sowie in der praktischen Sozial-politik stehen sich zwei Modelle gegenüber, für das auf der einen Seite Gösta Esping-Anderson (als Reporter dieses Typs von Wohlfahrtsregimes), auf der anderen Seite Ilse Arlt (als Berichterstatterin und Akteurin) stehen kann. Die materielle Grundlage dieses Dualismus ist ein erwerbsarbeitszentriertes „erstes Netz" (der eigentliche „Motor" der Sozialpolitik ist funktionierende Inklusion in den Arbeitsmarkt, die Sozialpolitik stellt bestehende Verteilungsverhältnisse nicht in Frage und verstärkt sie (vgl. GPA 1995), Bestrafung abweichenden Verhaltens fungiert als wesentliches Inklusionsinstrument[14] und abweichendes Verhalten bzw. abweichender Zustand wird pathologisiert) sowie ein – freilich nur subsidiäres – „zweites Netz" der Sozialhilfe- und Armutspolitik (Armut wird stark mit Selbstverschuldung konnotiert, es bestehen umfassende Mitwir-kungsverpflichtungen der begünstigten Person und ihres sozialen Umfeldes). Inklusion[15], so meine These, findet in diesem (österreichischen) Wohlfahrts-regime eher *zufällig* statt.

4.1 Modell 1. De-Kommodifizierung

Das erste Modell, das korporatistische und kausale System der staatlichen Sozialpolitik, wie es weiter oben beschrieben wird, kann in der Begrifflichkeit von Esping-Anderson (1998) als eine von drei „Welten des Wohlfahrts-kapitalismus" verstanden werden, eine von drei Welten, die die Integration in das erwerbszentrierte System zur Grundlage des Verständnisses gesellschaft-licher Sozialpolitik macht. Die Kernaussage dieser Klassifizierung von Wohl-fahrtspolitik kurz gefasst: Erwerbsarbeit wird als Ware verkauft, die Strategie

---

13 Dies gilt nur bedingt für die Periode von 2000 bis 2006, die sich teilweise diesem sozialpartnerschaftlichen Regulierungssystem entzogen hat
14 Zum Beispiel durch den § 10 des Arbeitslosenversicherungsgesetzes, der die Grundlage eines gestaffelten Systems von Strafen („Sperren" der Geldleistung) bei regelwidrigem Verhalten arbeitsloser Menschen begründet
15 Zum Begriff Inklusion, der das Konzept einer in sich differenzierten Gesellschaft voraussetzt und seine Bedeutung in der Sozialarbeitswissenschaft vgl. Kressig 2005, insbes. S. 53

des Sozialstaates ist es, Nischen zu schaffen, in denen Arbeit nicht (ganz) als Ware verkauft werden muss. Die staatlichen sozialen Sicherungssysteme stärken daher die TrägerInnen der Arbeit gegenüber den KäuferInnen der Arbeitskraft (ArbeitgeberInnen). Der emanzipatorische Gehalt staatlicher Sozialpolitik, der in den „drei Welten" unterschiedlich verteilt ist, bezieht sich bei Esping-Anderson lediglich auf den (unterschiedlichen) Grad von Emanzipation der VerkäuferInnen von Arbeit gegenüber deren KäuferInnen. Diese Schaffung von Freiheitsgraden am Arbeitsmarkt steht im Zentrum dieses Erklärungsmodells, das starke Verbreitung gefunden hat vor allem bei jenen, die den Arbeitsmarkt als eigentlichen Taktgeber des sozialen Lebens verstehen. Dabei geht es um „die Gewährung sozialer Rechte. Dies beinhaltet hauptsächlich die De-Kommodifizierung[16] des Status der Individuen gegenüber dem Markt. (…) Die Frage sozialer Rechte stellt sich daher als eine der De-Kommodifizierung, d.h. der Bereitstellung alternativer, nicht-marktförmiger Mittel der Wohlfahrtsproduktion. De-Kommodifizierung kann sich entweder auf die erbrachten Dienste oder den Status einer Person beziehen, aber in jedem Fall steht sie für das Maß, in dem Verteilungsfragen vom Marktmechanismus entkoppelt sind." (Esping-Anderson 1998:36).

Ein hoher Grad de-kommodifizierend wirkender Sozialpolitik schützt die (arbeitenden) Individuen vor allen Problemen, die mit Erwerbsarbeit und ihrem Verlust bzw. ihrer Verlustandrohung verbunden sind (Alter, Krankheit, Arbeitslosigkeit, Unfall, Behinderung, Schwangerschaft) in hohem Ausmaß und durch staatliche Leistungen bzw. durch Versicherungsleistungen. Ein niedriger Grad hingegen zwingt die Betroffenen zum Verkauf von Arbeitskraft auch unter schwierigen Bedingungen (z.B. mehrere schlecht bezahlte Beschäftigungsverhältnisse oder Vermittlungszwang in schlechtere Jobs durch das AMS) oder zur privaten Vorsorge (private Versicherungen, Ansparen). Mit den Worten Esping-Andersons:

„In der Praxis sind de-kommodifizierende Wohlfahrtsstaaten erst jüngeren Datums. Eine minimalistische Definition derselben müsste beinhalten, dass ihre Bürger ungehindert und ohne drohenden Verlust des Arbeitsplatzes, ihres Einkommens oder überhaupt ihres Wohlergehens ihr Arbeitsverhältnis verlassen können, wann immer sie selbst dies aus gesundheitlichen, familiären oder altersbedingten Gründen oder auch solchen der eigenen Weiterbildung für notwendig erachten; sprich: wenn sie es für geboten halten, um in angemessener Weise an der sozialen Gemeinschaft teilzuhaben. (…) Aufs Ganze gesehen würden die skandinavischen Wohlfahrtsstaaten am meisten, die angelsächsischen hingegen am wenigsten de-kommodifizieren." (Esping-Anderson 1998:38f).

---

16 Dieser Begriff leitet sich vom englischen „*Commodity*" (die Ware) ab und findet sich in ähnlicher Verwendung bereits bei Sraffa (1976)

Auf Grundlage dieser Definition von De-Kommodifizierung als Klassifikationsinstrument von Wohlfahrtsstaaten hinsichtlich ihrer freiheitsstiftenden Wirkung unterscheidet Esping-Anderson schließlich drei Modelle oder „Welten" der Wohlfahrtsregime:

- *„liberale"* *Wohlfahrtsstaaten* (z.B. USA, Niederlande, Schweiz, Großbritannien) mit einem niedrigen De-Kommodifizierungsgrad und einem hohen Anteil von über den Markt vermittelter sozialer Sicherung (vor allem durch Privatversicherungen)
- *„korporatistische"* *Wohlfahrtsstaaten* (z.B. Österreich, Deutschland, Frankreich, Italien) mit einem mittleren De-Kommodifizierungsgrad und einem hohen Anteil gestalterischen Einflusses durch Verbände, die sich (und ihre Interessen) arbeitsmarktbezogen definieren (z.B. Gewerkschaften, Unternehmerorganisationen)
- *„sozialdemokratische"* *Wohlfahrtsstaaten* (z.B. Schweden, Norwegen, Finnland) mit einem hohen De-Kommodifizierungsgrad und einem universellen, steuerfinanzierten Sozialstaat (in Schweden wird dieses Modell gerne „Volksheim" genannt).

(vgl. Esping-Anderson 1998)

Die Stabilisierungsfunktion des Sozialstaates
Leibfried und Leisering (1995) bauen auf diesem Bild der De-Kommodifizierungsfunktion des Sozialstaates auf, ohne es explizit zu nennen und beschreiben die Aufgabe und Funktion des Sozialstaates in der Verstetigung der Erwerbsbiografie. Sozialstaatliche Interventionen an den „kritischen Stellen" der Erwerbsbiografie sollen diesen stetigen Lauf der Normalbiografie garantieren und absichern, gegebenenfalls wieder aufbauen. Dies lässt sich in einer Skizze anschaulich machen:

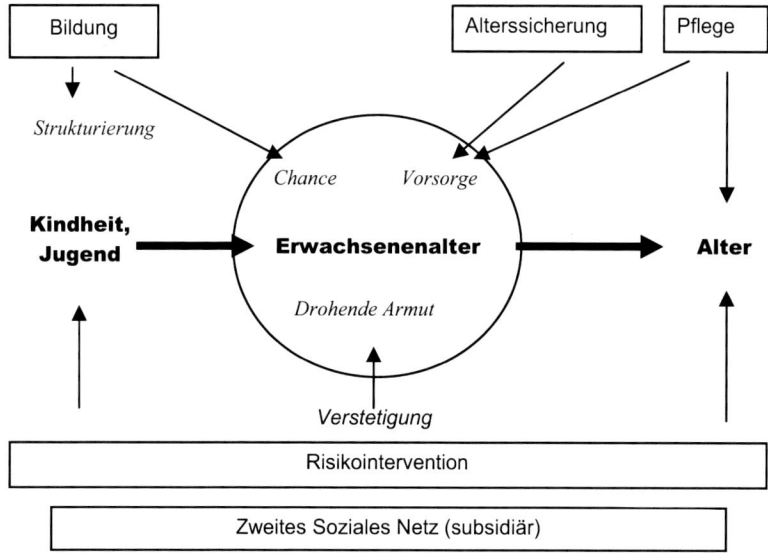

Abbildung 1: Sozialpolitische Verstetigung der Erwerbsbiografie (Nach Leibfried/Leisering 1995:26)

Zentraler Ansatz dieser Sichtweise ist das *Erwerbsleben.* Interventionen zu seiner Stabilisierung haben an folgenden Punkten anzusetzen, wobei die (vier) Ebenen sozialstaatlicher Intervention stark an je spezifische Lebensphasen gebunden sind[17]:

Bildung: Sozialstaatliche Intervention, die grundlegende lebensgestaltende Möglichkeitsräume schafft (Vorselektion für den Arbeitsmarkt), an das Kinder- und Jugendalter gebunden und durch familienpolitische Interventionen gestützt ist. Unterstützt wird diese lebensstrukturierende Intervention durch ein breites Angebot beruflicher Fortbildungen.

Risikointervention: Staatliche Interventionen vom Typ „soziale Risikobearbeitung" (Krankheit, Unfall, Arbeitslosigkeit, Armut), der vor allem in der mittleren Lebensphase (Erwerbs- und Familienphase) eine besondere Bedeutung zukommt.

Alterssicherung: Staatliche Intervention mit dem Effekt der Verstetigung eines lebensdurchschnittlich erreichten Einkommens- und Statusniveaus, die historisch im 20. Jahrhundert die grundlegende Voraussetzung für die Heraus-

---

17 Vgl. Leibfried/Leisering, 1995, S. 24ff

bildung des Alters als eigenständigen dritten Lebensabschnittes war (vgl. Ehmer 1990). Das Prinzip der „Teilhabeäquivalenz" schafft im Gegensatz zu den versicherungsmathematischen Prinzipien einer kapitalgedeckten Altersvorsorge keine absolute Äquivalenz von Beiträgen und Leistungsansprüchen, sondern garantiert eine Verlängerung der jeweils relativen (lebensdurchschnittlichen) eigenen oder über Hinterbliebenenleistungen „abgeleiteten" Position in der Lohn- und Gehaltshierarchie in den Ruhestand hinein. Dies wird durch die Umlagefinanzierung möglich.

Pflegesicherung: Die jüngste Form staatlicher Intervention, die durch eine Kombination von Geld- und Sachleistungen das Pflegerisiko[18] sozial bewältigbar macht, wirkt überwiegend im höchsten Alter und schafft eine materielle Grundlage für die Entstehung eines eigenen „vierten" Lebensabschnittes[19].

Erklärungsgrenzen dieses Ansatzes erwerbszentrierter Sozialpolitik
Der De-Kommodifizierungsansatz erklärt das, was die Triebkräfte der österreichischen Sozialpolitik (implizit) und ihrer Erklärung (explizit) sind, recht gut. Denn die österreichische Sozialpolitik setzt einen funktionierenden Arbeitsmarkt voraus, sie setzt das klassische Bild einer Familie als Familie mit einem „Breadwinner" und eine (nötigenfalls dazuverdienende) Hausfrau und Mutter voraus. Frauenerwerb und damit eine „weibliche Normalerwerbsbiografie" ist in diesem Modell nicht wirklich mitgedacht.

Obwohl diese Voraussetzungen an der Wiege der Konstituierung des österreichischen, korporatistischen Modells staatlicher Wohlfahrtsvermittlung gestanden sind und bei zahlreichen Entscheidungen immer noch stehen, zeigen die dahinter stehenden Voraussetzungen und Annahmen eine rasch abnehmende empirische Evidenz. Dieses Modell staatlicher Sozialpolitik ist historisches Ergebnis der Politik von Breadwinner-Organisationen und mit dem Ende des fordistisch-keynesianistischen Produktionsregimes (vgl. dazu etwa Hirsch/ Jessop/Poulantzas 2001) immer weniger tauglich zur Lösung gesellschaftlicher Probleme, insbesondere wenn man partizipatorische und inklusive Ansprüche an solche Lösungen stellt.

Bevor nun dieser Typus von Sozialpolitik kritisiert und dem Ansatz, für den (auch) Ilse Arlt steht, gegenüber gestellt werden soll, müssen die Probleme des

---

18 Das verbreitete Pflegerisiko wurde paradoxerweise durch den Fortschritt der Medizin und die damit einhergehende längere Überlebbarkeit von chronisch-degenerativen Schädigungen bzw. Behinderungen wesentlich mitgeschaffen.
19 Obwohl das Pflegerisiko prinzipiell altersunabhängig ist, kommt die Pflegesicherung zu etwa 80 % betagten Menschen zugute.

zugrunde liegenden Erklärungsansatzes diskutiert werden. Die Probleme des Ansatzes von Esping-Anderson liegen vor allem in zwei Bereichen[20]: Es handelt sich um ein *ahistorisches Bild*: Die Entwicklungen des Sozialstaates werden nur unzulänglich abgebildet; insbesondere die Annäherungen in der staatlichen Sozialpolitik der „Drei Welten", die durch direkten und indirekten Harmonisierungsdruck seitens der EU, aber auch internationaler Verträge wie etwa GATS erfolgen, werden in diesem Modell nicht adäquat erfasst und können somit auch nicht erklärt werden. Einzelne Leistungsbereiche, die für den jeweiligen Typus „atypisch" sind (wie z.B. die final auf StaatsbürgerInnenversorgung ausgerichtete Pflegesicherung in Österreich oder die auf einen Mix von Umlage- und Kapitaldeckungsprinzip orientierte neue schwedische Pensionspolitik) lassen sich in den „Drei Welten" nicht wirklich erklären und machen die Realität deutlich heterogener als ihr Abbild im Modell.

Der Ansatz von Esping-Anderson und das Bild der verstetigten Erwerbsbiografie ist *nicht gendertauglich*: Frauen leben oft in Lebenszusammenhängen, die wesentlich unterschiedlich sind von denen, in denen Männer leben. Denn De-Kommodifizierung setzt kommodifizierte Workforce voraus. Dies trifft (lebensbiografisch) immer noch überwiegend nur für Männer zu, weibliche Erwerbsbiografien werden immer noch als abweichende oder als beschränkte Biografien („gläserne Decke", Gender-Gap) gelebt. Ihre Integration in den Arbeitsmarkt ist oft eine mehrfach gebrochene, die von „Familienphasen" abgelöst wird und in einem deutlich höheren Ausmaß als die von Männern durch atypische bis prekäre Arbeitsverhältnisse gekennzeichnet ist (vgl. z.B. Steiner/Wollner 2002). Und sozialstaatliche Transferleistungen vergrößern den Gender-Gap; so ist die Schere bei den Pensionsbezügen von Frauen und Männern nahezu doppelt so groß wie bei den Aktivbezügen, denn in die Pensionsberechnung fließen zwei weibliche Nachteile ein: geringere Verdienste und eine geringere Zahl anrechenbarer Versicherungsmonate.

In vielen Fällen ist weibliche Arbeit überdies gar keine Erwerbsarbeit, also nicht einmal noch kommodifiziert (Hausarbeit, ehrenamtliche Tätigkeit). So gesehen kann man durchaus von der „Genderfalle De-Kommodifizierung" sprechen. Der erwerbszentrierte Blick taugt nur bedingt zum Erfassen weiblicher Lebenswirklichkeiten. Was die Möglichkeiten von Frauen, selbständig schöpferisch aktiv zu sein, benötigt, hat Virginia Woolf in ihrem Essay „Ein eigenes Zimmer" trefflich formuliert:

„Ich kann Ihnen lediglich eine Meinung zu einer Nebensache anbieten – eine Frau muss Geld und ein eigenes Zimmer haben, um schreiben zu können, und das lässt, wie sie sehen werden, die

---

20 Zur Kritik vgl. etwa die Aufsätze in Lessenich/Ostner 1998, aber auch Schmid 2000a

große Frage nach der wahren Natur der Frau und der wahren Natur der Literatur unbeantwortet". (Wolf 2003:7).

Was für den Mann selbstverständlich ist, eigenes Geld und eigener Rückzugsraum, um kreativ zu sein, ist für Frauen oft immer noch der Unterschied, der unterscheidet, der sie sozialpolitisch zur „Frau" macht: kein (oder zu wenig) eigenes Geld und kein eigener Rückzugsraum, wo sie sich (ungestört von familiären Verpflichtungen und Kindern) ihrer eigenen Kreativität widmen kann. Ein sozialpolitischer Erklärungsansatz, der diese Unterschiedlichkeit nicht in den Blick bekommen kann bzw. „genderblind" ist, ist meiner Meinung nach nicht (mehr) geeignet, die soziale Realität abzubilden und auf Grund dieser Abbildung entsprechende Schlussfolgerungen und Politikempfehlungen zu entwickeln.

Aber dieser Ansatz beschreibt noch einen anderen Mangel: In diesem Bild (wie der durch dieses Bild abgebildeten Politik) kommt der Armutspolitik nur ergänzende Rolle zu. Dies hat den Grund vor allem darin, dass Sozialpolitik – wie sie hier verstanden wird – strukturbezogen ist, Armutspolitik hingegen personenbezogen, also sich mit den je individuellen Problemen und Defiziten der einzelnen Person auseinander setzt. Was wir von Ilse Arlt in sozialpolitischen und armutspolitischen Diskursen lernen können, ist, den Blick von den Strukturen auf die Personen zu lenken, ohne die Strukturen aus dem Blick zu lassen. Ilse Arlt hat – und da unterscheidet sie sich von anderen armutspolitischen Ansätzen, insbesondere jenen der Christlichen Soziallehre (vgl. Pratscher 1991) – sowohl den Nutzen der Sozialversicherung gesehen wie auch ihre Grenzen.

Möglicherweise stellt sich ein personenbezogener Ansatz von Inklusion als jenes Element sozialarbeiterischer Sozialpolitik heraus, das der Sozialpolitik den Strukturen nicht entgegengesetzt wird, sondern sie dort ergänzt, wo mit Definition von Bedarfen nicht das Auslangen gefunden werden kann, weil es um die Abdeckung komplexer Bedürfnisse geht.

4.2 Modell 2. Personenansatz als Gleichstellungsansatz

Ausgangspunkt dieser Überlegungen, einen „zweiten Ansatz" sozialpolitischer Betrachtungsweise zu entwickeln, ist der bereits erwähnte Satz von Ilse Arlt aus 1958:

„Wann wird der Mensch, der in seinen Notwendigkeiten und individuellen Möglichkeiten genau erkannte Mensch, im Mittelpunkt der Betrachtung stehen und nicht das Gefüge der Fürsorge?" (Arlt 1958:31)

Es geht darum, zu analysieren, ob sich ein personenzentrierter Ansatz, der sich den Zielen der Sozialarbeit verpflichtet fühlt, als zweiter Ansatz sozialpolitischer Betrachtungsweise eignen könnte, als Ansatz systematischer Inklusion von Personen, wo der erste Ansatz erwerbsorientierter korporatistischer Sozialpolitik in seiner Orientierung an abstrakten, verrechtlichten Bedarfen Lücken offen lässt.

Wenn man die Frage freilich stellt, ob der Weg von Bedarfen zu Bedürfnissen sozialpolitisch (in den großen rechtsstaatlichen Einheiten) überhaupt zu gehen sei, nähert man sich rasch einer argumentativen Sackgasse. Aber die Frage könnte formuliert werden, ob eine an konkreten *Bedürfnissen* orientierte Sozialpolitik eine Ergänzung zum an Bedarfen orientierten rechtsstaatlichen System sein könnte und wenn ja, unter welchen Umständen? Kann also Sozialarbeit als personenzentrierter Ansatz ein Instrument von Inklusion und Gleichstellung sein? Und was ist Inklusion, ist Gleichstellung überhaupt? Und warum sprechen wir von Gleichstellung und nicht von Chancengleichheit?

Inklusion

Inklusion als die Zielsetzung des gesellschaftlichen Ausschlusses von Personen, die zeitweise oder dauerhaft von der Gesellschaft ausgegrenzt sind, hat sich zunehmend gegenüber dem Begriff der Integration durchgesetzt und das hat direkt mit den Veränderungen der Gesellschaft zu tun. Denn Integration, die sich sowohl auf den Zusammenhalt der Gesellschaft oder ihrer Teile bezieht wie auf die Einbeziehung von Einzelnen in die Gesellschaft, verweist auf ein Bild von Gesellschaft als einem einheitlichen Gebilde. (vgl. Kressig 2005:53). Integration war die Zieleformulierung des Einschlusses in Gesellschaft im Zeitalter des fordistisch-keynesianistischen Regulierungstyps, der von einer relativ einheitlichen Gesellschaft mit grober Gliederung ausgeht. Spätestens mit Ende des fordistisch-keynesianistischen Zeitalters beginnt eine Ausdifferenzierung der Gesellschaft in relativ feine Fraktale. Die „Risikogesellschaft" (Beck 1986) besteht aus einer Vielzahl unterschiedlicher Lebenswelten, einer Vielzahl unterschiedlicher (und immer gleichwertiger) Lebensbiografien. Beck spricht in diesem Zusammenhang gerne von „Patchworkbiografien" und somit von einer „Patchworkgesellschaft". Der hinter diesem Konzept der Gesellschaft stehende Begriff für den (möglichst umfassenden und nachhaltigen) Einschluss in die Gesellschaft ist der der Inklusion. Die Unterscheidung „verschiedener sozialer Teile, aus denen sich die Gesellschaft zusammen setzt, hat nun aber u.a. die Konsequenz, dass der Einbezug des Individuums nicht mehr gesamtgesellschaftlich, sondern nur noch teilsystemspezifisch geordnet werden kann. Inklusion meint dann aus der Sicht des Individuums den Zugang zu einzelnen

Teilsystemen und aus der Perspektive dieser Teilsysteme die Inanspruchnahme in ganz spezifischer Hinsicht. Dies bedeutet (...) Neubestimmung dieses Verhältnisses durch differenzierte Konzeptionen des Sozialen: Als Teilsysteme, Organisationen, Gruppen oder Interaktionszusammenhänge." (Kressig 2005: 53f). Inklusion als die Strategie der personenzentrierten Sozialarbeit im Gegensatz zur „großen", an abstrakten Bedarfen orientierten Sozialpolitik? Über diese Frage sollte weiter nachgedacht werden.

Gleichstellung
Wenn von Gleichstellung als gesellschaftspolitischem Auftrag die Rede ist, wird sofort an die Gleichstellung der Geschlechter gedacht. Das hat gute Gründe, denn (nur) zwei personenbezogene Merkmale, die stigmatisieren (Goffmann 1975) können, sind in einer modernen, ausdifferenzierten Gesellschaft (immer noch) sofort erkennbar: Alter und Geschlecht. (Nur) Geburtstag und Geschlecht gelten lebenslänglich. Damit sind Festlegungen auf die Zukunft des Lebensverlaufes getroffen und erste Inklusionsparameter gesetzt: Zugänge zu Kinderbetreuungseinrichtungen, zu Schule, sukzessive Rechtsfähigkeiten, der Eintritt in den Erwachsenenstatus, das aktive und passive Wahlrecht. (Pasero 2003:07). Die These Paseros (2003:106) lautet aber, dass „die wachsende Unzuverlässigkeit geschlechtstypischer Zuschreibungen ein empirischer Ausdruck des Dilemmas von geschlechtstypischer Bestimmbarkeit und individueller Unbestimmbarkeit ist: gender trouble."

In modernen Gesellschaften entwickelt sich Individualisierung als Gegenentwurf zum Paradigma der differenzierten Gesellschaft. Die Geschlechtszugehörigkeit gibt immer weniger Auskunft über soziale Ausschlüsse. In Individualisierungsprozessen muss sich Individualität gegen den Imperativ von Gesellschaft entwickeln, „dass Individualität also wesentlich gegen die Zumutung der funktionalen Differenzierung entsteht. Dafür hat sich die Unterscheidung von System und Lebenswelt eingebürgert. In der systemtheoretischen Perspektive wird dieses Phänomen als Exklusions-Individualität bezeichnet. Nassehi macht zurecht auf den Blinden Fleck dieser Beschreibung aufmerksam, weil damit die andere Seite, das heißt die individualisierende Wirkung der Inklusion unterschätzt wird, die sich im Kontext und nicht gegen den Kontext der funktionalen Differenzierung entwickelt: Individualisierung durch Inklusion." (Pasero 2003:117). Das fundamentale Gleichheitsparadigma ist assoziiert mit einer Vorstellung von Individualität, die unterdeterminiert sein muss, um Inklusion unhintergehbar offen zu halten, die Geschlechtergleichstellung findet sich als Gegenstand gesellschaftlicher Dekonstruktion. Das Spannungsfeld zwischen individuellem und strukturbezogenem Ansatz wird komplex, komplexer als es die Gegenüberstellung einer an Bedarfe und einer an Bedürfnissen orientierten Sozialpolitik im ersten Hinschauen vermuten lässt. Mit dieser Komplexität wird jedoch nur die immer komplexer werdende Gesellschaft ausdifferenzierter individueller und kollektiver Lebensbeziehungen nachgezeichnet, eine Situation, die man vermutlich nicht einfacher beschreiben kann.

Inklusionsauftrag

Wenn man Ungleichheit als Phänomen erkennt, das für viele Exklusionsprozesse verantwortlich gemacht werden kann und gleichzeitig Ergebnis von Exklusionsprozessen ist, liegt es auf der Hand, Inklusion als Auftrag von Sozialpolitik und Sozialarbeit zu formulieren, der erfüllt zu werden hat. Doch was impliziert diese Vorstellung? Bei Gleichstellung handelt es sich um eine zentrale gesellschaftliche *Metapher*. Denn „Gleichheit ist ein extrem unwahrscheinlicher Zustand. Will man ihn erreichen, potenziert man Gegnerschaften und Hindernisse. Hat man ihn erreicht, liegt der Rückfall in Ungleichheiten (Negentropie) auf der Hand. Wie auch bei der Idee des Gleichgewichtes handelt es sich eigentlich nur um eine Kontrollidee zur Überwachung von hochwahrscheinlichen Abweichungen." (Luhmann 2003:50). Gleichzeitig handelt es sich bei Gleichstellung immer auch um einen gesellschaftlichen Auftrag (besser: einen Auftrag in der Gesellschaft, der mit anderen, je interessensgeleiteten Aufträgen in Konkurrenz steht). Inklusion wäre dann als der Versuch zu lesen, diesen Gleichstellungsauftrag zu erfüllen. Dem steht allerdings eine grundlegende Erkenntnis jeder Theorie über soziale Systeme gegenüber: Ohne Grenzen, das heißt aber auch, ohne Ausgrenzung, ist kein System von seinen Umwelten zu unterscheiden, also nicht denkbar. Das bedeutet, so bitter uns das scheinen mag: Ohne Ausgrenzungen ist Gesellschaft als System mit Umwelten nicht denkbar.

Gleichstellung und ihre Aufträge

Gleichstellung(spolitik) ist daher – zumindest auf Ebene der Gesellschaft und ihrer Subsysteme – ein immerwährender Prozess, Effekte der Inklusion und der Exklusion in einem (möglichst für alle) verträglichen Gleichgewicht zu halten. Subjekte der Gleichstellung sind jene, die gleichzustellen sind genauso wie jene, die Gleichstellung als ihren Auftrag verstehen, wobei es (durchaus gewünscht) zu Überschneidungen kommen kann. Gleichstellung als Strategie folgt dann gesellschaftlichen Leitdifferenzen wie zum Beispiel arm – nicht arm, behindert – nicht behindert, arbeitslos – nicht arbeitslos, alt – nicht alt, jugendlich – nicht jugendlich, süchtig – nicht süchtig, Opfer – nicht Opfer, Frau – nicht Frau etc.

Und hier unterscheidet sich Gleichstellungspolitik wesentlich von einer Politik der Chancengleichheit(en): Während erstere die Verpflichtung und Verantwortung für ein Resultat, das „gleicher" ist als die Ausgangslage klar in der Verantwortung politisch handelnder Subjekte (Regierungen, Verwaltungen, Parteien, Unternehmen) außerhalb der gleichzustellenden Personen sieht, gibt Politik, die auf Chancengleichheit setzt, die Verantwortung für die Einlösung dieser Chancen zurück an jene Subjekte, um deren Gleichstellung es geht. So gesehen ist Politik der Chancengleichheit ein neoliberales Konzept, denn es sieht die Verantwortung für den Erfolg (einzig) bei jenen, um die es geht, nicht aber bei der Politik, die – ähnlich wie der „Nachtwächterstaat" von Adam Smith – einzig dafür verantwortlich ist, dass die Chancen möglich sind, also Verantwortung nur für die Ausgangsbedingungen tragen und nicht für das Resultat.

Aber selbst wenn Subjekte der Gleichstellungsverantwortung und die dahinter liegenden Interessen identifiziert sind, bleibt die Frage nach dem *Mandat* der Gleichstellung(spolitik) offen. Oder anders gefragt: Wer erteilt den Auftrag zu Gleichstellung und wieso?

Hier sind wir an jener dunklen Stelle angelangt, die sich am Fuße auch des hellsten Leuchtturms bilden muss (Pasero): Wir wissen, dass wir inklusiv tätig sein „müssen", aber warum müssen wir das? Dazu ist es nötig, Fragen zu diskutieren wie: Was stört uns an Ausgrenzung? Was stört uns an Ungleichheit? Aber auch: Was stört uns eigentlich an Armut? (vgl. Schmidt 2005).

Wir glauben zu wissen, dass uns Armut stört und dass wir aufgerufen sind, unser Möglichstes zu leisten, Armut zu beseitigen oder abzumindern. Aber fragen wir uns jemals, *warum* uns Armut stört? Diese Frage klingt wie ein Sakrileg an der Ethik unserer Sozialpolitik, aber Antworten darauf könnten uns helfen, Inklusion nachhaltig(er) zu entwickeln und die Aufträge, die an Inklusionspolitik gestellt werden (müssen), präziser zu formulieren.

5. Gerechtigkeit als Grundlage für Inklusion und Gleichheit?

Möglicherweise kann die nähere Bestimmung unseres Verständnisses von Gerechtigkeit Antworten auf diese Frage(n) unterstützen. Ließen sich hier Antworten finden, könnten sie etwa heißen: „W*ir stellen gleich, weil es gerecht ist*". Antworten dieser Art setzen allerdings voraus, dass wir uns Gerechtigkeit nur in einer Konnotation mit Gleichheit vorstellen (können). Oder die Vermutung anders formuliert: Gerechtigkeitstheorien dienen dazu, die Forderung nach (mehr) Gleichheit ethisch zu unterstützen.

Stellt man sich dieser Frage aber konkret, findet man schnell heraus, dass *diese* Schlussfolgerung(en) nicht gezogen werden kann (können). Zu unterschiedlich gehen die einzelnen Gerechtigkeitstheorien mit dem Paradigma des Gleichen um. Es gibt Gerechtigkeitstheorien wie die Verteilungsgerechtigkeit bei Aristoteles, die egalitären Theorien oder die Fairness von Rawls, die Gerechtigkeit mit einem Mehr an Gleichheit verbinden. Daneben gibt es aber Gerechtigkeitstheorien wie die Beitragsgerechtigkeit bei Aristoteles, die nonegalitären Ansätze und vor allem den Utilitarismus, die Ungleichheiten oder ihre Vergrößerung (unter bestimmten Umständen oder generell) als gerecht verstehen. (vgl. Schmid 2007). Die Gerechtigkeitstheorien bieten uns also *keine* eindeutigen Begründungen für die Ausformulierung von Gleichstellungszielen, sie bieten vielmehr widersprechende Ansätze, die entweder Gleichheit oder Ungleichheit als gerecht erklären und begründen können, und zwar ununterscheidbar gleichwertig.

Wir stellen also fest: Leitdifferenzen der Art „gleich – nicht gleich" sind feststellbar und messbar, Differenzen der Art „gerecht – nicht gerecht" sind hingegen nicht feststellbar und messbar, sie sind vielmehr je konkrete Ergebnisse *gesellschaftlicher Aushandlungsprozesse*. Das bedeutet, dass die Schaffung von mehr Gleichheit durch einfaches, messbares Handeln erreicht (oder nicht erreicht) werden kann, die Herstellung von „mehr Gerechtigkeit" aber komplexe Aushandlungsprozesse darüber benötigt was denn in der jeweiligen historischen, sozialen und politischen Situation überhaupt gerecht sei und (als Aushandlungsprozess auf der zweiten Ebene) unter welchen Gerechtigkeitsbedingungen (etwa in Hinblick auf Partizipation bzw. demokratischer Beteiligung oder Ausschlüssen) die Prozesse über die Verständigung darüber, was denn gerecht sei, erfolgen.

„Die Herstellung von Gerechtigkeit verweist somit auf den Prozess, welcher die Überwindung der Differenz zwischen dem Ausgangspunkt (dem Ungerechten) und dem Zielpunkt (dem Gerechten) darstellt. Um diesen Prozess durchführen zu können, ist eben diese Differenz wahrzunehmen und zu beschreiben, eine Verständigung bezüglich der Veränderungswürdigkeit dieser Differenz (ihrer Beseitigung) vorzunehmen. Die Legitimität oder Plausibilität bezüglich dieser Veränderung wird in verschiedenen Systemzusammenhängen verschieden hergestellt: über Nutzen (betriebliche Logiken), über in Gesetze gegossene Moralen und legislative und einzuhaltende Rahmenbedingungen (staatliche, öffentliche Systeme), über ethisch-moralische Positionierungen." (Rosenbichler/Schermann 2007:88)

Das bedeutet aber auch, dass „gerecht – nicht gerecht" nicht unbedingt dem Bild „gleich" folgen muss, denn auch Ungleichheiten können „gerecht" sein, wenn dies so ausgehandelt wurde. Vor allem im Umgang mit dem Knappheitsproblem kann „gleich" problematisch werden (z.B. in der Triage[21]). Da wir es in sozialpolitischen Entscheidungen (vor allem in Entscheidungsproblemen auf der Ebene, auf der über Bedarfe entschieden wird) fast ausschließlich mit Entscheidungen über die Verteilung knapper Güter (Geld- oder Dienstleistungen) zu tun haben, haben diese Feststellungen eine weit über die Theorie unseres Verständnisses von Gleichheit und Inklusion hinausgehende praktische Bedeutung.

Personenzentrierte Sozialpolitik und Sozialarbeit, wie sie Ilse Arlt angeregt hat, muss Probleme personenzentriert erfassen, Lösungsmodelle entwickeln und in Begründungszusammenhänge stellen, Lösungsstrategien gesellschaftlich aushandeln, Veränderungen bewirken und Nachhaltigkeit anstreben. Dies kann zu mehr Gleichheit führen, muss aber nicht.

Sind Sozialpolitik und Sozialarbeit also vom Gleichen? Oder sind sie etwas jeweils anderes? Das heißt, können struktur- und personenbezogener Ansatz einander ergänzen oder bleiben sie im Widerspruch? Über diese Fragen werden wir in den kommenden Monaten und Jahren im Ilse-Arlt-Institut der Fachhochschule St. Pölten sicher noch ausführlich diskutieren.

Literatur

Amt der Salzburger Landesregierung (1989): Neue Wege in der Sozialpolitik. Salzburg

Anastasiadis, Maria / Essl, Günter / Riesenfelder, Andreas / Schmid, Tom / Wetzel, Petra (2003): Der Dritte Sektor in Wien – Zukunftsmarkt der Beschäftigung. (Forschungsbericht). Wien

Anastasiadis, Maria (2006): Die Zukunft der Arbeit und ihr Ende. Die Analyse der Diagnose „Der Dritte Sektor als unsere letzte größte Hoffnung" . Mering

Arlt, Ilse (1958): Wege zu einer Fürsorgewissenschaft. Wien

Bacher, Johann / Dornmayer, Helmut / Seckauer, Hansjörg (1993): Sozialhilfe als zweites soziales Netz. In: Bacher, Johann (Hg.): Handlungsfelder kommunaler Sozialpolitik. Eine sozialwissenschaftliche Fallstudie am Beispiel der Stadt Wels. S. 197-268

Badelt, Christoph / Österle, August (2001): Grundzüge der Sozialpolitik. Wien (2 Bände)

Barr, Nicholas (2001): The Welfare State as Piggy Bank. Oxford – New York

Beck, Ulrich: Risikogesellschaft - auf dem Weg in eine andere Moderne, Frankfurt/Main, 1986

---

21 Ein Begriff aus der Gesundheitsökonomie, der beschreibt nach Welchen regeln bei einer großen Zahl verletzter Menschen und einem knappen Angebot medizinischer Hilfe versorgt werden soll – und wer nicht.

Bosco, Alessandra / Hutsebaut, Martin (Hg.) (1998): Sozialer Schutz in Europa. Veränderungen und Herausforderungen. Marburg/Lahn

Bundesanstalt für Bergbauernfragen (Hg.) (2000): Die vielen Gesichter der ländlichen Armut. Eine Situationsanalyse zur ländlichen Armut in Österreich. Wien.

Bundesarbeitsgemeinschaft Wohnungslosenhilfe (Hg.) (1994): Armut und Unterversorgung. Linz

Bundesministerium für Soziale Sicherheit und Generationen (2006): Sozialschutz in Österreich. Wien.

Dimmel, Nikolaus (1996): Sicher in Österreich. Innere Sicherheit und soziale Kontrolle. Wien

DRV-Schriften Band 15 (1999): Rentenversicherungen im internationalen Vergleich. Frankfurt/Main.

Ehmer, Josef (1990): Sozialgeschichte des Alters, Frankfurt/Main.

Eichenhofer, Eberhard (2007): Geschichte des Sozialstaate in Europa. Von der „sozialen Frage" bis zur Globalisierung. München

Esping-Anderson, Gösta (1998): Die drei Welten des Wohlfahrtskapitalismus. Zur politischen Ökonomie des Wohlfahrtsstaates. In: Lessenich, Stephan / Ostner, Ilona (Hg.): Welten des Wohlfahrtskapitalismus. Der Sozialstaat in vergleichender Perspektive. Frankfurt/Main – New York. S. 19-58

Exner, Andreas / Rätz, Werner / Zenker, Birgit (Hg.) (2007): Grundeinkommen. Soziale Sicherheit ohne Arbeit. Wien

Ganßmann, Heiner (2000): Politische Ökonomie des Sozialstaates. Münster.

Gewerkschaft der Privatangestellten (GPA) (Hrg.) (1995): Ob arm, ob reich, für alle gleich? Verteilungswirkung von Sozialleistungen, Wien.

Gillion, Colin / Turner, John / Bailey, Clive / Latulipe, Denis (Eds.) (2000): Social Security Pensions. Development and reform. Geneva.

Goffmann, Erving (1975): Stigma. Über Techniken der Bewältigung beschädigter Identität. Frankfurt/Main

Gruber, Gerd / Pallinger, Manfred (1994): Bundespflegegeldgesetz. Kommentar. Wien – New York

Gulick, Charles A. (1976. Österreich von Habsburg zu Hitler. Wien

Hautmann, Hans / Kropf, Rudolf (1974): Die österreichische Arbeiterbewegung vom Vormärz bis 1945. Sozialökonomische Ursprünge ihrer Ideologie und Politik. Wien

Heinrich, Hans Georg (1989): Politische Kultur in Wien. In: Heinrich, Hans Georg / Klose, Alfred / Ploier, Eduard (Hg.): Politische Kultur in Österreich. Linz S. 1827

Hengsbach, Friedhelm / Möhring-Hesse, Mathias (Hg.) (1995): Eure Armut kotzt uns an! Solidarität in der Krise, Frankfurt/Main.

Hirsch, Joachim / Jessop, Bob / Poulantzas, Nicos (2001): Die Zukunft des Staates. Hamburg

Internationale Vereinigung der Sozialen Sicherheit (IVSS) (Hrg.) (1998): Die Zukunft der Sozialen Sicherheit. Stockholmer Konferenz. Stockholm

Kammer für Arbeiter und Angestellte (1989): Sozialhilfe. Strukturen, Mängel, Vorschläge. Wien

Kammer für Arbeiter und Angestellte (2006): Sozialstaat Österreich. Sozialleistungen im Überblick. Lexikon der Ansprüche und Leistungen. Wien

Kressig, Marcel Meier (2005). Inklusion versus Integration. In.: Uecker, Horst D. / Krebs, Marcel (Hrg.): Beobachtungen der Sozialen Arbeit. Theoretische Provokationen. S. 53-56

Kronauer, Martin (2002): Exklusion. Die Gefährdung des Sozialen im hoch entwickelten Kapitalismus. Frankfurt/Main – New York

Leibfried, Stephan / Leisering, Lutz (1995): Zeit der Armut. Frankfurt/Main

Leichsenring, Kai (1991): Der Siegeszug des Wohlfahrtsstaates. In: In: Talos, Emmerich/ Riedlsberger, Alois (Hg.) Zeit-Gerecht. 100 Jahre katholische Soziallehre. Steyr, 150-157

Lessenich, Stephan / Ostner, Ilona (Hrg.) (1998): Welten des Wohlfahrtkapitalismus. Der Sozialstaat in vergleichender Perspektive. Frankfurt/Main – New York

Lißner, Lothar / Wöss, Josef (1999): Umbau statt Abbau. Sozialstaaten im vergleich: Deutschland, Österreich, Schweden. Frankfurt/Main – Wien

Löffler, Heinz / Streissler, Erich W. (Hrg.) (1999): Sozialpolitik und Ökologieprobleme der Zukunft. Wien

Luhmann, Niklas (2003): Frauen, Männer und Georg Spencer Brown. In: Pasero, Ursula/ Weinbach, Christine (Hg.): Frauen, Männer, Gender Trouble. Frankfurt/Main. S. 15-62

Marx, Karl / Engels, Friedrich (1980): Das Manifest der Kommunistischen Partei. In: Marx – Engels – Werke (MEW) Band 4, S. 459-493

Melinz, Gerhard/Zimmermann, Susan (1991): Über die Grenzen der Armenhilfe. Kommunale und staatliche Sozialpolitik in Wien und in Budapest in der Doppelmonarchie. Wien – Zürich

Melinz, Gerhard/Zimmermann, Susan (Hg.) (1996): Wien – Prag – Budapest. Blütezeit der Habsburger Metropolen. Urbanisierung, Kommunalpolitik, gesellschaftliche Konflikte (1867-1918). Wien

Müller, Wolfgang C. (1991): Wie Helfen zum Beruf wurde – eine Methodengeschichte der Sozialarbeit (2 Bände), Weinheim und Basel.

Pasero, Ursula (2003): Gender, Individualität, Diversity. In: Pasero, Ursula/ Weinbach, Christine (Hg.): Frauen, Männer, Gender Trouble. Frankfurt/Main. S. 105-124

Pfeil. Walter J. (1989):: Österreichisches Sozialhilferecht. Wien

Pfeil, Walter J. (1994): Neuregelung der Pflegevorsorge in Österreich. Wien

Pfeil, Walter (2000): Österreichisches Sozialhilferecht. Textausgabe mit Erläuterungen. Wien

Pfeil, Walter J. (2001): Vergleich der Sozialhilfesysteme der österreichischen Bundesländer. Rechtswissenschaftliche Studie. Wien (Herausgegeben vom BMSG)

Popper, Ludwig (1991): Soziale Medizin – eine Medizin von gestern? Bremerhaven

Pratscher, Kurt (1991): Zwischen Staat und Privat. Von der Armenfürsorge zum Wohlfahrtsstaat. In: Talos, Emmerich / Riedlsberger, Alois (Hg.) Zeit-Gerecht. 100 Jahre katholische Soziallehre. Steyr, 158-165

Reischl, Ingrid/Schmid, Tom (1993): Selbstverwaltung - eine ungenutzte "Management-Reserve". In: Soziale Sicherheit 9/1993. Wien, S. 472-475

Reithofer, Hans (1995): Sozialpolitik in Österreich. Probleme – Lösungen – Argumente. Eine praxisorientierte Darstellung. Wien.

Ritter, Gerhard A. (1991): Der Sozialstaat. Entstehung und Entwicklung im internationalen Vergleich. München.

Rosenberger, Sieglinde / Talos, Emmerich (Hrg.) (2003): Sozialstaat. Probleme, Herausforderungen, Perspektiven. Wien

Rosenbichler, Ursula / Schermann, Norbert (2007): Dynamische Konstituierung von Gerechtigkeiten. Vom Navigieren und Driften. In: Mangold, Roland et. al. (Hrg.) Qualitätsentwicklung Gender Mainstreaming. Band 7 – Prozesse organisieren. S. 79-97

Sachße, Christoph / Tennstedt, Florian (1986): Soziale Sicherheit und soziale Disziplinierung. Frankfurt/Main

Schmid, Tom (1993): Arbeitszeitpolitik. In: Talos, Emmerich (Hg.): Sozialpartnerschaft – Kontinuität und Wandel eines Modells. S. 187-206

Schmid, Tom (2000): Zwischen Einkommensersatz und Armutsvermeidung – die doppelte Aufgabe gesellschaftlicher Sozialpolitik. In Sallmutter, Hans (Hg.): Mut zum Träumen – Bestandsaufaufnahme und Perspektiven des Wohlfahrtsstaates, Wien. S. 39-58

Schmid, Tom (2000a): Treffgenauigkeit von Transferleistungen. In: Soziale Sicherheit, Heft 10/2000. Wien, S. 862-876

Schmid, Tom (2001): Selbstverwaltung Sozialversicherung. Wien, herausgegeben von der Bundesarbeitskammer

Schmid, Tom (2005): Integrace nebo segregace? In: Bartonova Miroslava / Pipekova, Jarmila / Vitkova, Marie (ed.): Integrace handicapovanych na trh prace v mezinarodni dimenzi. Brno, S. 102-113

Schmid, Tom (2007): Gleichheit und Gerechtigkeit – zwei aufeinander bezogene Begriffe? In: Bendl, Regine et. al. (Hg.) Qualitätsentwicklung Gender Mainstreaming. Band 2 – Grundlagen. S. 81-106

Schmidt, Walter (2005): Option für die Armen? Erkenntnistheoretische, sozialwissenschaftliche und sozialethische Überlegungen zur Armutsbekämpfung. München – Mehring

Schweighofer, Johannes (1995): Arbeitsmarkt- und Beschäftigungspolitik in Österreich 1975 bis 1995. Vom Austrokeynesianismus zum „Sparpaket. In: Steinbach, Günther (Hg.): Die Gesellschaft und ihre soziale Verpflichtung. Sozialpolitik für das 21. Jahrhundert. Festschrift für Josef Hesoun. Wien. S. 190-216

Sraffa, Piero (1976): Warenproduktion mittels Waren. Frankfurt/Main

Steiner, Karin /Wollner, Eva (2002): Frauen. In. Bundesministerium für Soziales und Generationen. Bericht über die Soziale Lage –Analysen und Ressortaktivitäten 2001 – 2002. Wien. S. 150-173

Stichweh, Rudolf (2005): Inklusion und Exklusion. Studien zur Gesellschaftstheorie. Bielefeld

Streissler, Agnes (1999): Grundsicherung im erwerbsfähigen Alter. Wien

Swann, Abram D. (1993): Der sorgende Staat. Frankfurt/Main – New York

Talos, Emmerich (1981): Staatliche Sozialpolitik in Österreich. Rekonstruktion und Analyse, Wien

Talos, Emmerich (1985): Sozialpartnerschaft: Zur Entwicklung und Entwicklungsdynamik kooperativ-konzentrierter Politik in Österreich. In: Gerlich, Peter / Grande, Edgar / Müller, Wolfgang C. (Hg.): Sozialpartnerschaft in der Krise. Leistungen und Grenzen des Neokorporatismus in Österreich. Wien – Köln – Graz. S. 41-83

Talos, Emmerich (Hg.) (1989): Materielle Grundsicherung. Popper-Lynkeus' Programm „Die allgemeine Nährpflicht als Lösung der sozialen Frage". Wien

Talos, Emmerich (Hg.) (1992): Der geforderte Wohlfahrtsstaat. Traditionen – Herausforderungen – Perspektiven. Wien

Talos, Emmerich (Hrg.) (2003): Bedarfsorientierte Grundsicherung. Wien

Weber, Max (2002): Wirtschaft und Gesellschaft. 5. Auflage. Tübingen (Nachdruck)

Woodward, Alison / Kholi, Martin (Eds.) (2001): Inclusions and Exclusions in European Societies. New York

Woolf, Virginia (2003): Ein eigenes Zimmer. Frankfurt/Main

III. Wissenschaftlichkeit

Theorie und Praxis. Eine gefährliche Liebschaft

Maria Dorothea Simon

> „Nichts wird so fest geglaubt wie das, worüber wir am wenigsten wissen."
> (Montaigne 1533-1592)

Meine Theorie ist, dass man Theorien mit Vorsicht begegnen soll, denn sie enthalten viele Fallen. Oder ist das gar keine Theorie, sondern bloß eine Hypothese? Was ist der Unterschied?

Eine Hypothese ist eine Annahme, eine Vermutung. Eine Theorie hingegen muss über den Einzelfall hinausgehen und an Hand von Beobachtung (Forschung) bewiesen sein. Daher ist zwischen Hypothese und Theorie die Untersuchung über die Gültigkeit der Hypothese zwischengeschaltet. Eine Theorie eindeutig zu beweisen, ist gar nicht so einfach. Der Wissenschaftstheoretiker *Karl Popper (1902-1994)* hat daher verlangt, dass man Hypothesen anstatt sie zu beweisen, besser widerlegen solle, d.h. Fälle finden, wo die Hypothese *nicht* zutrifft (Popper 1976a).

Von einer Theorie, die als bewiesen gilt, erwartet man, dass sie ein Modell der Realität ist, dass man auf ihrer Grundlage Prognosen machen und Handlungsempfehlungen geben kann. Die Voraussagen sind nicht hundert Prozent zutreffend (ansonsten wäre es keine Theorie, sondern eine Tatsache), aber die Forschung muss zeigen, dass die Ergebnisse mit einer gewissen Wahrscheinlichkeit eintreten, also nicht rein zufällig sind.

Dass häufig Theorien nicht den Ansprüchen genügen, möchte ich heute an Fallbeispielen zeigen. Es ist ein Versuch, ein gewiss nur unvollständiges Bild von der Fehlbarkeit vieler so genannter Theorien zu geben, und möglicherweise meine Hypothese, dass man nicht alles glauben soll, was als Theorie verkauft wird, zu erhärten.

Theorien kommen und gehen. Schauen wir uns an, was als Theorie gilt oder gegolten hat:

1. Überholte Theorien

Dies sind solche Theorien, welche durch Beobachtung oder experimentelle Forschung nicht bestätigt werden konnten und an deren Stelle andere, besser gesicherte Theorien getreten sind. Es ist erstaunlich, wie langlebig sie trotzdem sind. Hier drei Beispiele: Die Theorie,

- *dass die Erde eine Scheibe ist.*
  Schon in der Antike hatten Wissenschafter wie Aristoteles und Pythagoras angenommen, die Erde sei rund. Auch im Mittelalter wurde dies von der Kirche anerkannt. Als Kolumbus von Spanien aus Richtung Westen segelte, um Indien zu finden, ging er von der gleichen Annahme aus.
  Nichtsdestoweniger gab es seit jeher Befürworter einer „Flache-Erde-Theorie". Die *Flat Earth Society* mit Sitz in USA hatte im Jahr 2001 3000 Mitglieder. Auch heute gibt es noch eine *Flat Earth Society*, die im Internet „Beweise" dafür liefert, dass die Erde eine Scheibe ist (http://flatearthsociety.org).
- *dass erworbene Eigenschaften vererbbar sind.*
  Diese Theorie war eine Art Gegenmodell zu Darwins Evolutionstheorie. Sie ist mit dem Namen *Jean-Baptiste Lamarck*, einem Arzt und Botaniker (1799-1829), verbunden. Er vertrat die Theorie, dass im Leben der Eltern erworbene Eigenschaften an die Nachkommen vererbbar seien. Sie wurde durch die Vererbungsgesetze von Gregor Mendel widerlegt, erlebte aber im 20. Jahrhundert eine Neuauflage, z.B. durch den sowjetischen Biologen und Agronomen *T.D. Lyssenko* (1898-1976), der die Existenz von Genen und die Mendelschen Gesetze als „reaktionär und kapitalistisch" leugnete. So wollte er beweisen, man könne die genetischen Merkmale von Pflanzen durch Umweltbedingungen verändern, also z. B. Sommergetreide in Wintergetreide durch Umwelteinflüsse umwandeln. Er ließ Weizen in der sibirischen Tundra anpflanzen. Die Folgen waren Missernten und Hungersnöte. Lyssenkos Theorien wurden erst 1962 als wissenschaftliche Fehlinterpretationen und Fälschungen in der Sowjetunion offiziell verworfen.
  Heute allerdings gelingt es, die genetische Struktur von Pflanzen zu verändern, aber nicht durch Umwelteinflüsse, sondern durch Manipulation der Gene. (vgl. Medwedjew 1971).

- *dass man am äußeren Schädel Charaktereigenschaften feststellen kann.* Diese Theorie – *Phrenologie* genannt – wurde von Franz Josef Gall (1758-1828) entwickelt. Seine Wirkungsstätte war Wien. Durch tastbare Ausbuchtungen am Schädel diagnostizierte er geistige und charakterliche Anlagen. Wenngleich seiner Theorie jedwede empi-rische Begründung fehlte, war sie doch von historischer Bedeutung, denn er war der Erste, der behauptet hat, dass geistige Funktionen im Gehirn lokalisiert sind, und nicht im Herzen (vgl. Sabbatini 1997). Diese Theorie war somit Vorläufer der modernen Gehirnforschung, allerdings auch der späteren „Rassenkunde" der Nazis. Sie führte dazu, dass etwa die Gehirne von Einstein und Lenin noch heute in konservierter Form aufbewahrt werden. Im Rollet-Museum in Baden bei Wien kann man Schädel von Kriminellen und Prominenten aus Galls Sammlung besichtigen.

2. Untestbare Hypothesen beanspruchen den Status von Theorien

Theorien, die Aussagen machen, die nicht empirisch überprüfbar sind, sind nicht Teil der Wissenschaft. Es handelt sich hier meist um Glaubenssätze und Dogmen, die weder beweisbar noch widerlegbar sind, aber trotzdem beanspruchen, wissenschaftliche Theorien zu sein.
Beispiele sind etwa

- *Intelligent Design*
  Dies ist die Annahme, dass hinter der Entwicklung der Lebewesen ein intelligenter, vermutlich göttlicher, Plan stehe.
  Sie wurde Ende des 20. Jahrhunderts von USA ausgehend als Alternative zur naturwissenschaftlichen Erklärung der Entwicklung des Lebens aufgestellt. In letzter Zeit haben sich auch hohe Würdenträger der österreichischen Kirche zu dieser Theorie bekannt. Bei der überwältigenden Mehrheit der Wissenschafter findet sie keine Anerkennung, weil sie nicht empirisch überprüfbar ist und keine Vorhersagen gemacht werden können. Sie ist weder beweisbar noch widerlegbar, daher nicht Wissenschaft, sondern gehört ins Reich der Religion.
  Umso bemerkenswerter ist es, dass es auch bedeutende Wissenschafter gibt, die einen übernatürlichen Ursprung des Lebens für möglich halten, z.B. den Physiologen und Nobelpreisträger John Eccles (1903-

1997) (vgl. Eccles u. Popper 1982) und den renommierten österreichischen Physiker Walter Thirring.

- *Psychoanalyse und ihre Varianten*
Die Psychoanalyse hat eine sehr große Zahl von Hypothesen generiert.
Freud hat zwei Modelle des psychischen Apparats dargestellt („Das
Bewusste – Das Vorbewusste – Das Unbewusste und Ich – Es –
Überich"), er hat die These von der kindlichen Sexualität geschaffen und
ihre Entwicklungsstufen beschrieben („oral-anal-phallisch-ödipal..."),
eine Triebtheorie erstellt (Libido, Todestrieb), „Triebschicksale" beschrieben (z.B. Verdrängung, Fixierung, Sublimierung), eine Traum-
theorie entwickelt und eine Behandlungsmethode (freie Assoziation) begründet.
Es gibt eine große Menge an Literatur über Bemühungen, Freud'sche
Hypothesen zu testen. Manche ließen sich beweisen, andere widerlegen,
aber die meisten Schlüsselbegriffe sind untestbar. Der gewichtigste Einwand ist der Anspruch der Psychoanalyse, alles erklären zu können. Aber
wenn alles beliebig ist, wird nichts erklärt. Einwände von Skeptikern
werden mit der Begründung zurückgewiesen, sie seien nicht oder nicht
gründlich genug analysiert worden.
Ebenfalls untestbar sind beispielsweise auch Begriffe der Individual-
psychologie nach Alfred Adler (Lebensplan, Organminderwertigkeit,
Gemeinschaftsgefühl, Streben nach Macht etc.) und der Analytischen Psychologie nach C.G. Jung (kollektives Unbewusstsein, Archetypen, etc.).
Hier gilt das Gleiche wie bei Intelligent Design: Was man weder beweisen
noch widerlegen kann, ist Religion, nicht Wissenschaft (vgl. Popper
1976b; Perrez 1979).

3. Pseudotheorien

Hier handelt es sich um nicht bewiesene oder widerlegte Behauptungen, die als
Theorien gelten und nach wie vor aktuell sind. Bei den folgenden Beispielen ist
die Diskussion noch lange nicht ausgestanden, wenngleich der überwiegende
Teil der Forschungen sie als Humbug ausweist.
Beispiele:

- *Graphologie*
Graphologie, von *Ludwig Klages* (1872-1956) begründet, versucht aus
Merkmalen der Schrift wie Rhythmus, Einheitlichkeit, Versteifungsgrad der

Schrift usw. und vielen Einzelmerkmalen wie allgemeine Größe der Buchstaben und deren Größenverhältnisse, Verzierungen, Schriftstärke, Schreibverlauf und Ausrichtung der Schrift ein Charakterbild zu erstellen. Die Aussagen sind schlecht überprüfbar und daher nur begrenzt mit wissenschaftlichen Methoden untersuchbar. Angebliche Charakterzüge wie Selbstwertschätzung, Einstellung zur Arbeit, Phantasie und Distanz zu Menschen können nicht sinnvoll definiert und gemessen werden und werden von jedem Urteilenden anders eingestuft. Die teils berichteten positiven Ergebnisse basieren offensichtlich auf anderen Informationen, beispielsweise aus dem Lebenslauf und nicht aus der Handschrift selbst (vgl. Gardner 1957). „Es scheint derzeit so, als sei die Graphologie nicht in der Lage, die Eigenschaften zu messen, die sie zu messen beabsichtigt" (Halder-Simm 1993).

Graphologische Gutachten kommen oft bei der Personalauswahl, speziell in der Schweiz, zum Einsatz, was in Hinblick auf ihre geringe Validität bedauerlich ist.

• *Bachblüten*

sind eine vom englischen Arzt Edward Bach (1886-1936) erfundene alternative Behandlungsmethode). Im Falle der Bachblütentherapie wird nicht einmal versucht, einen Beweis für die Wirksamkeit zu erbringen (www.bachblüten.de). Sie ist der *Esoterik* zuzuzählen, wie etwa auch die Astrologie und die Wahrsagerei. Lehren, die unter den Begriff *Esoterik* fallen, befassen sich mit Phänomenen außerhalb des wissenschaftlich Erfassbaren und können nicht Gegenstand einer wissenschaftlichen Theorie sein.

• *Homöopathie*

Homöopathie ist eine umstrittene weit verbreitete alternativmedizinische Methode, die der deutsche Arzt Samuel Hahnemann um 1800 begründet hat. Das Prinzip ist, dass „Ähnliches durch Ähnliches geheilt" wird. Das homöopathische Heilmittel soll an Gesunden ähnliche Symptome hervorrufen, wie jene, an denen der Kranke leidet. Die ausgewählten Mittel werden durch Wasser oder Alkohol so verdünnt, dass die Ausgangssubstanz nicht mehr nachweisbar ist. Die den heutigen wissenschaftlichen Anforderungen genügenden Studien zeigen in der Gesamtbetrachtung, dass die untersuchten homöopathischen Behandlungen keine über den *Placebo-Effekt* hinausgehende *medizinische Wirksamkeit* haben (vgl. Ernst 2002).

4. Die Theorie hinkt der Praxis nach

Man sollte meinen, dass die Theorie Wegweiser für die Praxis ist, tatsächlich ist es manchmal umgekehrt. Gesellschaftliche Entwicklung schafft neue Tat-sachen und die entsprechenden Theorien werden umgemodelt, um der Praxis zu entsprechen. Beispiele:

- *Homosexualität*
wurde lange als Sünde, später als Perversion angesehen. Die psychiatrische Pathologisierung begann Mitte des 19. Jahrhunderts. *Freud* (1856-1939) beispielsweise gehört noch zu jenen, welche die Homosexualität differenziert betrachten und meint, es gäbe vielfältige Ursachen, die größtenteils noch ungeklärt sind, „wenn aber die Perversion (...) das Normale verdrängt und ersetzt hat (...) sehen wir zu allermeist die Berechtigung sie als krankhaftes Symptom zu beurteilen" (Freud 1949).
Während das medizinische Establishment noch Homosexualität zu therapieren versuchte, kam es zum „coming out" und der Selbstorganisation von Betroffenen, und in der Folge verbreitet zur größeren Akzeptanz homosexueller Verhaltensweisen in der Gesellschaft.
Heute gilt, medizinisch gesehen, Homosexualität als normale Variante, die vermutlich angeboren ist. Sie wurde aus dem Krankheitskatalog der American Psychiatric Association (DSMII) 1974, und aus dem Krankheitskatalog der Weltgesundheitsorganisation (ICD-10) 1992 gestrichen.

- *Die schizophrenogene Mutter*
Dieser Terminus stammt von der Psychoanalytikerin *Frieda Fromm-Reichmann* (1889-1957). Sie war Psychiaterin, ursprünglich aus Deutschland stammend war sie später in den USA tätig. Sie hat 1948 die Behauptung aufgestellt, dass Schizophrenie durch die kalte, abweisende Mutter verursacht wird. In anderen Versionen liegt die Verursachung der Erkrankung in der schädlichen Kommunikation innerhalb der Familie. Diese Behauptungen konnten nie bewiesen werden, haben aber den derart Beschuldigten viel Leid gebracht. In den Sechziger- und Siebzigerjahren gehörte es zum *state of the art* für Psychiater, Psychotherapeuten und Sozialarbeiter, derartige Schuldzuschreibungen zu machen.
Es waren in erster Linie die Selbsthilfeorganisationen der Angehörigen, die sich gegen die Verteufelungen wehrten, und die schließlich einen Gesinnungswandel bewirkten.
Spekulative Theorien über die Ursachen von Psychosen gibt es allerdings noch immer reichlich, wenngleich diese nach wie vor nicht bekannt sind.

Aber die Mütter werden heute nur mehr selten ausdrücklich beschuldigt. Unterschwellige Schuldzuschreibungen an die Familie findet man eher in der systemischen Familientherapie (vgl. Finzen 1994).

• *Geschlechtsunterschiede*

Theorien, welche die geistige Minderwertigkeit der Frau gegenüber dem Mann behaupten, haben Tradition. Man kann dies z. B. in einem Aufsatz eines seinerzeit sehr geschätzten Psychiaters *Paul Julius Möbius* (1853-1907) lesen, der diesen 1900 unter dem Titel „Über den physiologischen Schwachsinn des Weibes" veröffentlicht hat (Möbius 1903). Darin suchte er nachzuweisen, dass die Frau auf Grund des geringeren Gewichts ihres Gehirns physiologisch zwischen dem Affen und dem Mann steht. Sein Pamphlet erlebte 8 Auflagen.

Auch in diesem Fall trifft zu, dass es der Emanzipationsbewegung der Frauen zu danken ist, dass man heute, zumindest in der westlichen Welt, nicht mehr derartigen Theorien verbreiten kann.

5. Kognitive Dissonanz beseitigen

Der Versuch, Theorie und Erfahrung miteinander in Einklang zu bringen, kann zur Verfälschung der Erfahrung führen. Eine Erklärung für dieses Phänomen findet man in der *Theorie der Kognitiven Dissonanz*. Diese wurde 1957 vom Sozialpsychologen *Leon Festinger* (1919-1998) formuliert (Festinger 1957).

Sie besagt, dass Kognitionen (Vorstellungen, Ideen, Wahrnehmungen,…), die miteinander in Widerspruch stehen, in der Person einen Unlustzustand hervorrufen (*Dissonanz)* und sie motivieren den Widerspruch zu beseitigen, indem sie unbequeme Informationen leugnet, ausblendet oder uminterpretiert, und somit *Konsonanz* herstellt.

Das führt dazu, dass, wenn die Erfahrungen (Praxis) nicht mit der Theorie übereinstimmen, häufig nicht die Theorie in Frage gestellt wird, sondern die Erfahrungen in das Prokrustesbett der Theorie eingepasst werden. Der psychologische Grund dafür ist, dass man nicht leicht etwas aufgibt, das man sich eventuell durch Studien, Kosten, Zeitaufwand und affektives Engagement zur Überzeugung gemacht hat. Dann tendiert man, sich an das Erworbene zu klammern und gegenteilige Erfahrungen zu ignorieren Dies betrifft professionelle Ideologien ebenso wie politische Überzeugungen. Hier zwei Beispiele:

- *In der Psychotherapie/Sozialarbeit*

Wenn man einer spezifischen theoretischen Schule anhängt, findet man gewöhnlich die passende Pathologie. In einem amerikanischen Werk über eine ökologische Sichtweise in der sozialen Arbeit steht zu lesen: "Professionals understandably attempt to fit people into theories (…) clients are often expected to fit the prevalent approach." (Germain/ Gitterman 1980)

- *In der Politik*

Leute, die einer bestimmten politischen Ideologie anhängen, tendieren dazu, nur Material zu lesen, Veranstaltungen zu besuchen usw., die ihre Überzeugung stützen. Erfahrungen, die der Ideologie entgegenstehen, werden abgeblockt oder derart uminterpretiert, dass sie mit der Überzeugung vereinbar sind. Wer beispielsweise einer Ideologie der Fremdenfeindlichkeit anhängt, sieht Asylanten generell als bedrohlich und vermeidet den Umgang mit ihnen.

6. Bestellte Ergebnisse

Hier handelt es sich um so genannte „Vested Interests". Unter diesem Ausdruck versteht man im anglo-amerikanischen Sprachgebrauch, dass jemand ein spezielles Interesse daran hat, eine Sache zu unterstützen oder zu fördern, um daraus einen, meist finanziellen, Vorteil zu erzielen. Während die Manipulation von Fakten und Erfahrungen bei Kognitiver Dissonanz dem Betreffenden unbewusst ist, wird bei „Vested Interest" gezielt auf ein erwünschtes Resultat hingearbeitet.

Ein gutes Beispiel dafür ist die

- *Arzneimittelprüfung*

Die „Hypothese" ist, dass ein neu entwickeltes Medikament für gewisse Erkrankungen wirksam ist. Die Aufgabe der Medikamentenprüfung ist es, diese Hypothese zu bestätigen oder zu widerlegen.

Arzneimittel müssen, bevor sie zugelassen werden, einer gesetzlich vorgeschriebenen Prüfung unterzogen werden. Diese findet normalerweise in Krankenhäusern statt. Das Medikament muss an einer ausreichend großen Stichprobe, die nach bestimmten Kriterien erstellt wird, und einer Kontrollgruppe über eine gewisse Zeit erprobt werden.

Das Problem besteht in der engen Verflechtung der Pharmaindustrie mit Ärzten sowie medizinischen Einrichtungen. Diese werden großzügig von Pharma-Firmen finanziell bedacht. Als Gegenleistung wird erwartet, dass die Prüfung der Medikamente zu Gunsten der spendablen Sponsoren ausfällt.

Eine Sonderausgabe des *British Medical Journal* vom Mai 2003 ist diesem Thema gewidmet. Sie trägt den Titel „Time to untangle doctors from drug companies" (Es ist Zeit, Ärzte aus der Verstrickung mit Pharmafirmen zu lösen).

Es wird nachgewiesen, dass Forschungen, die von Pharma-Firmen gesponsert werden, häufiger zu positiver Bewertung der Produkte dieser Firma führen als solche, die anderweitig finanziert werden. Willkommene Ergebnisse werden publiziert und propagiert, unwillkommene ignoriert.

- *In der Meinungsforschung*

Meinungsforschung (Public Opinion Research) stammt aus den USA, wo in den Dreißigerjahren die ersten Forschungseinrichtungen entstanden. Einer der geistigen Väter war der aus Wien stammende Soziologe *Paul Lazarsfeld*, der auch als Autor der sozialpsychologischen Untersuchung *Die Arbeitslosen von Marienthal* bekannt ist. Nach einem Studienaufenthalt in den USA gründete die Deutsche *Elisabeth Noelle-Neumann* 1947 nach dem Vorbild des von George H. Gallup gegründeten »American Institute for Public Opinion Research« in Deutschland das erste Meinungsforschungsinstitut in Europa.

Seither entstand eine große Zahl derartiger Einrichtungen, darunter auch in Österreich.

Meinungsforschung erhebt den Anspruch, die öffentliche Meinung korrekt wiederzugeben, doch ist zu bezweifeln, ob sie diesem tatsächlich genügt.

Probleme sind unter anderen,
- dass das tatsächliche Verhalten eines Befragten oft von der geäußerten Meinung abweicht.
- dass sozial unerwünschte Meinungen von vielen Leuten nicht zugegeben werden.
- dass es durch das Verhalten des Interviewers und auch durch suggestive Fragestellungen möglich ist, bestimmte Antworten zu provozieren.
- dass die Stichprobe zu klein und/oder nicht repräsentativ ist.
- dass seitens der Auftraggeber eine bestimmte Meinung favorisiert wird, welche dann durch die Art der Befragung bestätigt wird.

Durch derartige Verzerrungen geschieht es, dass Meinungsumfragen nicht selten eklatant daneben liegen, was man schon öfters bei Wahlprognosen erleben konnte. Prognosen können auch den Ausgang einer Wahl beeinflussen, weswegen sie in manchen Ländern unmittelbar vor der Wahl verboten sind. Allerdings nicht in Österreich. Hier haben die großen politischen Parteien eigene bevorzugte Meinungsforschungsinstitute, und diese sind dann bemüht, durch die Art der Befragung die von der jeweiligen Partei erwünschten Ergebnisse zu liefern. Diese sind, je nach Partei, eventuell einander ganz entgegengesetzt.

In der Wissenschaft steht die Meinungsforschung als Messinstrument auf schwachen Beinen, denn es gibt kaum gesicherte Untersuchungen darüber, ob sie den Kriterien der *Objektivität, Reliabilität und Validität* tatsächlich entspricht. Sie ist trotzdem ein beliebtes Instrument, nicht zuletzt weil sie zwar nicht unbedingt das tatsächliche Spektrum der Meinungen der Befragten wiedergibt, sondern weil sie den Auftraggebern dienlich ist.

Brauchen wir überhaupt Theorien?

Nachdem wir eine kleine Auswahl der vielen Stolpersteine, die der Theorienbildung entgegenstehen, besprochen haben, müssen wir uns fragen, ob wir überhaupt Theorien brauchen. Kann man nicht einfach handeln, wie es die Situation erfordert?

Auch das geht nicht. Aus der Praxis entsteht der Wunsch, die Erfahrung auch auf andere, ähnliche, Situationen anzuwenden, also eine Hypothese. Dann beginnt der Kreislauf von neuem: Hypothese – Überprüfung – Theorie.

Theorien sind die Bausteine einer Wissenschaft: Aber sie sind immer nur vorläufig und müssen wiederum durch Erfahrung korrigiert und verbessert werden. Eine endgültige Theorie gibt es nicht, aber das Ziel sind Theorien, die möglichst viele Umstände erfassen und mit möglichst wenigen Grundannahmen auskommen. *Einstein* wollte alle Naturkräfte durch eine einzige Formel erklären – ein Ziel, das allerdings bis heute noch nicht erreicht wurde.

Was bedeutet das für eine Wissenschaft der Sozialen Arbeit? Von einer „Grand Theory" sind wir weit entfernt. Wir müssen uns mit vielen „kleinen Theorien" zufrieden geben.

Für die Theorienbildung in der Sozialarbeit unterscheiden die Theoretiker zwischen *wissenschaftlichen Erkenntnis- und Erklärungstheorien* und *praktischen Handlungstheorien* (Lowy 1983; Staub-Bernasconi 2002; Engelke 2004).

„Im gegenwärtigen Stand der Entwicklung (…) gibt es eine beträchtliche und respektable Anzahl von systematisch angeordneten Handlungstheorien. (Die) wissenschaftliche Theorieentwicklung (…) befindet sich jedoch noch in einem Anfangsstadium, obwohl ansehnliche Ansätze für (eine) eigen-ständige Disziplin vorhanden sind" (Lowy 1983).

Tatsächlich gibt es für das sozialarbeiterische *Handeln* gute, empirisch fundierte Untersuchungen (z.b. Goldberg/ Connely 1981). Aber bei den Bemühungen um eine wissenschaftliche *Erkenntnistheorie* sind noch keine überzeugenden Ergebnisse auszunehmen. Auch *Ilse Arlt* ist dies mit ihrem Bemühen um eine Fürsorgewissenschaft letzten Endes nicht gelungen (vgl. Simon 2002).

Die Bemühungen werden weitergehen, aber die Gefahr besteht, dass die Forscher in die eine oder andere der erwähnten Fallen tappen, nämlich etwa Hypothesen für Theorien auszugeben oder mit untestbaren Begriffen zu operieren. Da ist es jedenfalls gut, sich im Theoriendschungel an das bewährte Rezept des römischen Rechts *caveat emptor* (Käufer, sieh dich vor!) zu halten.

Literatur

Germain, C.B./ Gitterman, A. (1980): The Life Model of Social Work Practice, Columbia University Press, S. 299-300

Eccles, J.C./ Popper, K. (1982): Das Ich und das Gehirn, München

Engelke, E. (2004): Die Wissenschaft Soziale Arbeit, Lambertus, S. 362-440

Ernst, E. (2002). A systematic review of systematic reviews of homeopathy. British J. of Clinical Pharmacology, 54(6), 577-582

Festinger, L.: A Theory of Cognitive Dissonance. Stanford 1957

Finzen, A.: Die „schizophrenogene Mutter" – langer Abschied von einem Mythos. In: Psychosoziale Umschau,1,1994

Freud, S. (1949): Drei Abhandlungen zur Sexualtheorie, Imago, Bd. V S. 60-61

Gardner, M. (1957): Fads and Fallacies in the Name of Science, Dover, Kap. 24

Goldberg, E.M. u. Connelly N. (Hg.) (1981): Evaluative Research in Social Care, Heinemann, London

Halder-Simm, P.(1993): Graphologie erneut durchgefallen. In: Der Skeptiker, Bd. 4,, S. 43-45

Lowy, L. (1883): Sozialarbeit/Sozialpädagogik als Wissenschaft im angloamerikanischen und deutschsprachigen Raum, Lambertus, S. 10-11

Medwedjew, S. A. (1971): Der Fall Lyssenko. Hamburg

Möbius, P.J. (1903): Ueber den physiologischen Schwachsinn des Weibes. 5. Aufl. Verl. Marhold

Perrez, M.(1979): Ist die Psychoanalyse eine Wissenschaft? 2. Aufl. Huber, S. 166 ff.

Popper, K. (1976): Unended Quest, Fontana/Collins, S. 43

Sabbatini, R.M.E.: Phrenology – The History of Brain Localisation. In: Brain and Mind, 1, 1997
Simon M.D.: Historical Portrait: Ilse Arlt. In: European J. of Social Work Vol.5/No.1/ pp. 69-98
    2002

Staub-Bernasconi, S.: In H. Heitkamp und A. Plewa (Hg) :Soziale Arbeit in Selbstzeugnissen,
    Lambertus 2002, S. 313-314

Verzeichnis der AutorInnen

Brandstetter, Manuela, DSA Mag.[a] Dr.[in]
Geb. 1973, Sozialarbeiterin und Soziologin, Ausbildung in Sozialmanagement und Sozialmarketing, 1995–1997: Jugend- und Gemeinwesenarbeit in Wien, 1997–2005: Straffälligenhilfe, seit 2003 Lektorin und seit 2007 Dozentin an der FH St. Pölten, Studiengang Sozialarbeit. Mitarbeit und Koordination von Projekten der Täterarbeit, des Qualitätsmanagements, des sozialräumlichen Arbeitens in ländlichen Kommunen.

Ertl, Silvia Ursula, Dipl.-Soz.Päd.[in] (FH)
Geb. 1958 in Linz, Kolleg für Technische Chemie in Wien, Chemisch-technische Assistentin am Ludwig-Bolzmann-Institut für Klinische Endokrinologie, Berufsbegleitende Ausbildung zur Pastoralassistentin, Arbeit in zwei Wiener Pfarren. Ab 1987 Erzieherin für lernbehinderte Jugendliche in Würzburg, 1991–1995 Studium an der FH Würzburg-Schweinfurt-Aschaffenburg, Diplomarbeit über Ilse Arlt. Seit 1996 Referentin für pfarrliche Caritasarbeit in der Caritas der ED Wien.

Frey, Cornelia, Dr.[in]
Geb. 1954 in Pforzheim (D), Diplomsozialarbeiterin, Supervisorin und Erziehungswissenschaftlerin (MA), Dozentin für Methodenlehre an der FH Heidelberg, Fachbereich Sozial- und Verhaltenswissenschaft. Seit April 2006 Vertretungs-Professur an der Universität Siegen im Fachbereich Erziehungswissenschaften. Dissertation: „Ilse Arlt: Werk und Wirkung".

Just, Michaela, BA
Gymnasium in St. Pölten, inkl. Austauschsemester an der St. Johns Prep School, Minnesota (USA). Danach ein Jahr Studium der Politikwissenschaft an der Universität Wien. 2003–2006 Studium der Germanistik an der Universität Salzburg (Studienergänzung Gender Studies), Abschluss mit Bakkalaureat. Ab Herbst 2006: Studium der Sozialen Arbeit an der FH St. Pölten.

Maiss, Maria, FH-Doz. Mag.[a] Dr.[in]
Geb. 1966 in Haag, Studium der Philosophie, Pädagogik und Sonder- und Heilpädagogik. Seit 2004 nebenberufliche Lektorin und seit 2007 Dozentin für Philosophie, Ethik und Theorie der Sozialen Arbeit an der FH St. Pölten, weitere Lehrtätigkeit an der Donauuniversität Krems: Studiengang Propädeutikum Pflegepädagogik. Publikationen im Bereich Bildungsethik, Sozialphilosophie und Theorie der Sozialen Arbeit.

Pantucek, Gertraud, FH-Prof.[in] DSA Mag.[a]
Geb. 1962 in Mariazell (Stmk.). Langjährige Erfahrung in der Praxis von Sozialarbeit und als Supervisorin. Seit 2002 Lektorin an der FH St. Pölten, Studiengang Sozialarbeit. Diverse Projektleitungen. Inhaltliche Gesamtkoordination des EQUAL-Projekts „Donau Quality-in-Inclusion". 2006 Leitung des Research Centers der FH St. Pölten. Arbeitsschwerpunkte: Organisation sozialer Arbeit, Familien- und Jugendarbeit, Diversität und Gender, Ethnizität, Qualitätsbewertung in der Sozialen Arbeit.

Pantucek, Peter, FH-Prof. DSA Mag. Dr.
Geb. 1953 in Wien, Sozialarbeiter, Soziologe und Supervisor, ist Professor an der FH St. Pölten und leitet dort den Bachelor-Studiengang Soziale Arbeit und das Ilse Arlt Institut für Soziale Inklusionsforschung. Publikationen zu Theorie und Methodik der Sozialen Arbeit.

Pflegerl, Johannes, FH-Doz. Mag.
Geb. 1970 in Wien, Soziologe, von 1995–2005 Mitarbeiter am Österreichischen Institut für Familienforschung (OIF), 2003–2005 nebenberuflicher Lehrbeauftragter und seit 2005 Dozent für

Soziologie und Familiensoziologie an der FH St. Pölten, Studiengang Sozialarbeit. Von 2005–2007 Leiter des Moduls „Qualität im Prozess der Fremdunterbringung" i.R. der EQUAL EntwicklungspartnerInnenschaft „Donau Quality-in-Inclusion".

Schmid, Tom, FH-Prof. Dr.
Geb. 1955, Politikwissenschaftler mit Zusatzdiplom Organisationsentwicklung. Seit 1999 Leiter der Sozialökonomischen Forschungsstelle in Wien. Professor an der FH St. Pölten, Studiengang Sozialarbeit. Weitere Lehrtätigkeit an der Donauuniversität Krems, Studiengang Gesundheitsmanagement. Zahlreiche wissenschaftliche Publikationen.

Simon, Maria Dorothea, Dr.[in]
Geb. 1918, Sozialarbeiterin, Psychologin, ehem. Direktorin der Akademie für Sozialarbeit der Stadt Wien. Zahlreiche Vorträge, Kongressbeiträge und Publikationen.

Steinhauser, Werner, Dr.
Geb. 1934 in Rottenmann (Stmk.). Studium der Psychologie und Anthropologie an der Universität Wien von 1953–1957. Psychologe am Jugendamt der Stadt Wien, 1971–1973 Direktor des Instituts für Heimerziehung der Stadt Wien, parallel dazu Aufbau der Abend-/Berufstätigen Ausbildung für SozialarbeiterInnen in Wien, Seegasse. 1973 Übernahme der Direktion in der Seegasse, der späteren Akademie für Sozialarbeit für Berufstätige. 1992 Pensionierung, bis 2001 Tätigkeit als selbständiger Psychologe und Psychotherapeut. Verfasser diverser Fachbeiträge und des Buches „Sozialarbeiterausbildung in Österreich".